弗布克岗位实战培训手册系列

仓库管理人员岗位培训手册

——仓库管理人员应知应会的 9 大工作事项和 72 个工作小项
（实战图解版）

王兰会　编著

人民邮电出版社

北　京

图书在版编目（CIP）数据

仓库管理人员岗位培训手册：仓库管理人员应知应
会的9大工作事项和72个工作小项：实战图解版/ 王兰
会编著 . —北京：人民邮电出版社，2015.2
（弗布克岗位实战培训手册系列）
ISBN 978-7-115-38129-3

Ⅰ. ①仓… Ⅱ. ①王… Ⅲ. ①仓库管理—岗位培训—
手册 Ⅳ. ①F253.4-62

中国版本图书馆 CIP 数据核字（2014）第 308565 号

内 容 提 要

如果你是一名仓库管理新人，你知道自己的工作职责是什么吗？如果你是一名仓库一线工作人员，你知道该如何提升自己的工作效率吗？而如果你是一名仓储部门的管理人员，你又知道该如何将人、岗、事密切结合，建立高效的仓库管理团队吗？

为解决这些问题，本书从仓库管理岗位的实际工作出发，系统介绍了仓库规划与制度建设、物资入库管理、物资存储与保管、温湿度控制与防霉防虫、特殊物资养护、物资包装管理、物资出库管理、智能化仓库与集装箱、仓库安全管理9大工作事项和72个工作小项，并对其进行了图解演示与说明，可以帮助仓库管理人员自我培训、自我提高。

本书是一部关于仓库管理岗位培训与管理的操作手册，为仓库一线工作人员、仓储部门管理人员提供了精细化、实务化、模块化的解决方案，不仅使仓库一线工作人员、仓储部门管理人员知道自己要干什么，还能知道怎么干，从而帮助他们快速成长为高效能的职场人士。

◆ 编　著　王兰会
责任编辑　陈斯雯
责任印制　焦志炜

◆ 人民邮电出版社出版发行　　北京市丰台区成寿寺路 11 号
邮编 100164　电子邮件 315@ptpress.com.cn
网址 http://www.ptpress.com.cn
北京天宇星印刷厂印刷

◆ 开本：787×1092　1/16
印张：13.5　　　　　　　2015 年 2 月第 1 版
字数：200 千字　　　　　2025 年 11 月北京第 48 次印刷

定　价：39.00 元
读者服务热线：（010）81055656　印装质量热线：（010）81055316
反盗版热线：（010）81055315

前　言

　　企业招聘的目的就是要找到合适的人才，并将其放到合适的岗位上。每位员工在入职到岗时，都需要明确自己的工作职责是什么；自己与岗位之间的契合度如何；企业对该岗位的工作要求是什么；如何处理工作岗位上的具体工作事项；如何掌握处理这些工作事项的技巧和方法；如何在最短的时间内缩短与其他同事之间的差距；等等。

　　为解决上述问题，"弗布克岗位实战培训手册系列"图书针对具体的岗位，提供了精细化、实务化、模块化的解决方案。员工通过自我培训，能够明确自己的具体工作内容和事项，并掌握处理这些事项的工作程序、方法和技巧，从而全面提升自己的岗位操作能力，获得加薪和职业晋升的机会。

　　本系列图书涉及班组长、采购人员、销售人员、行政人员、文秘人员、餐厅服务员、仓库管理人员等多个岗位。《仓库管理人员岗位培训手册——仓库管理人员应知应会的9大工作事项和72个工作小项（实战图解版）》是该系列图书中的一本。本书以仓库管理岗位的工作事项为中心，首先列出该岗位的工作大项和基本的岗位素质要求，然后分章讲述每个大事项所包含的工作小项。本书又将每个工作小项分为工作步骤、工作知识、注意事项、方法技巧等模块逐一讲解，有针对性地为读者提供了具体事件和具体问题的解决范例。本书具有以下特点。

1. 人、岗、事密切结合

　　本书将仓库管理人员与岗位、工作事项紧密结合，针对仓库管理岗位任职人员面临的困难和亟待解决的问题，提供知识和指导，帮助读者快速充电。

2. 知识导图概括全部工作事项

　　为了让每个大事项中的小事项清晰可见，本书在每章前面都设计了一张工作事项知识导图，图中概括了每章将要讲述的全部工作事项。

3. 漫画曲线图提炼工作要点

　　本书依据仓库管理岗位的工作内容，绘制了漫画图或曲线图，图中精准提炼出仓库管理工作所需的知识要点及操作要点，方便读者理解与掌握。

4. 问题字典易查易用

本书对仓库管理工作规范和知识要点的图解处理，如同一本细化易查、简单易用的问题字典，方便读者在实际工作中遇到问题时随时查阅，提高工作效能。

在本书的编写过程中，孙立宏、刘井学、程富建、罗章秀负责资料的收集、整理以及图表编排，王淑燕参与编写了本书的第一章，王德敏参与编写了本书的第二章，于增元参与编写了本书的第三章，赵全梅参与编写了本书的第四章，王琴参与编写了本书的第五章，姚严胜参与编写了本书的第六章，韩燕参与编写了本书的第七章，么秀杰参与编写了本书的第八章，孟庆华参与编写了本书的第九章，周鸿参与编写了本书的第十章，全书由王兰会统撰定稿。

目 录

第一章　仓库管理人员的 9 大工作事项 ………………………………… 1

第一节　仓库管理人员的 9 大工作事项 ………………………… 3
一、仓库规划与制度建设 ………………………………… 3
二、物资入库管理 ………………………………………… 3
三、物资的储存与保管 …………………………………… 4
四、温湿度控制与防霉防虫 ……………………………… 4
五、特殊物资养护 ………………………………………… 5
六、物资包装管理 ………………………………………… 5
七、物资出库管理 ………………………………………… 5
八、智能化仓库与集装箱 ………………………………… 6
九、仓库安全管理 ………………………………………… 6

第二节　仓库管理人员所需的知识和技能 ……………………… 7
一、仓库知识 ……………………………………………… 7
二、检验知识 ……………………………………………… 9
三、保管知识 ……………………………………………… 12
四、自动化知识 …………………………………………… 13
五、安全知识 ……………………………………………… 13

第二章　仓库规划与制度建设 ……………………………………… 15

第一节　仓库规划工作中应知应会的 4 个工作小项 …………… 17
一、划分仓库区域 ………………………………………… 17
二、规划仓位 ……………………………………………… 19
三、货位编号 ……………………………………………… 22

四、物资编号 ……………………………………………… 23

第二节 仓库管理制度建设中应知应会的 7 个工作小项 …… 25

一、制定仓储管理规定 …………………………………… 25

二、起草物资编号管理办法 ……………………………… 29

三、制定物资入库管理制度 ……………………………… 30

四、制定物资储存保管制度 ……………………………… 32

五、制定物资出库管理制度 ……………………………… 34

六、制定呆废料处理制度 ………………………………… 36

七、起草仓库安全管理规定 ……………………………… 37

第三章 物资入库管理 …………………………………… 41

第一节 接货工作中应知应会的 3 个工作小项 …………… 43

一、确定物资存放位置 …………………………………… 43

二、安排接货 ……………………………………………… 44

三、准备装卸搬运工具 …………………………………… 47

第二节 验收工作中应知应会的 3 个工作小项 …………… 50

一、核对证件 ……………………………………………… 50

二、验收数量 ……………………………………………… 52

三、验收质量 ……………………………………………… 53

第三节 入库制表工作中应知应会的 4 个工作小项 ……… 55

一、填写入库单 …………………………………………… 55

二、登记明细账 …………………………………………… 56

三、设置保管卡 …………………………………………… 57

四、建立物资档案 ………………………………………… 58

第四章 物资的储存与保管 ……………………………… 61

第一节 储存物资应知应会的 3 个工作小项 …………… 63

一、确定仓储定额 ………………………………………… 63

二、合理使用货架 ………………………………………… 65

三、有效进行物资堆放 ································· 68

第二节 盘点工作中应知应会的3个工作小项 ············· 74
　　一、选择盘点方法 ······························ 74
　　二、进行实地盘点 ······························ 76
　　三、处理盘点差异 ······························ 79

第三节 控制库存应知应会的3个工作小项 ··············· 82
　　一、使用 ABC 法 ······························ 82
　　二、调整存货 ································· 84
　　三、处理呆废料 ······························ 86

第五章　温湿度控制与防霉防虫 ····················· 91

第一节 调节与控制仓库温湿度工作中应知应会的2个工作小项 ··· 93
　　一、测定空气温湿度 ···························· 93
　　二、调节与控制仓库温湿度 ························ 96

第二节 仓储物资防霉工作中应知应会的3个工作小项 ········ 99
　　一、了解致霉微生物 ···························· 99
　　二、识别物资霉腐现象 ·························· 105
　　三、防治物资霉腐 ····························· 106

第三节 仓储物资害虫防治工作中应知应会的4个工作小项 ···· 110
　　一、了解仓库中的主要害虫 ······················· 110
　　二、了解易虫蛀物资的种类 ······················· 112
　　三、清楚害虫的感染途径 ························ 112
　　四、防治害虫 ································· 113

第六章　特殊物资养护 ·························· 117

第一节 金属物资防锈工作中应知应会的4个工作小项 ······· 119
　　一、了解物资锈蚀的原因 ························ 119
　　二、知晓易锈蚀物资的种类 ······················· 120
　　三、防锈 ···································· 121

四、除锈 123

第二节 预防高分子物资老化工作中应知应会的 3 个工作小项 125

一、了解物资老化的原因 125

二、识别物资的老化现象 126

三、防止物资老化 127

第三节 储存化学危险品工作中应知应会的 4 个工作小项 128

一、了解化学危险品的特性 128

二、安全搬运化学危险品 130

三、储存化学危险品 131

四、处理化学危险品泄漏 132

第七章 物资包装管理 135

第一节 掌握包装标识与条形码技术工作中应知应会的 3 个工作小项

.... 137

一、了解包装的含义 137

二、识别包装标识 138

三、清楚条形码技术 143

第二节 物资包装工作中应知应会的 2 个工作小项 147

一、设计包装 147

二、包装物资 150

第八章 物资出库管理 153

第一节 物料发放工作中应知应会的 3 个工作小项 155

一、审核领料单据 155

二、控制用料 157

三、发放物料 158

第二节 物资出库工作中应知应会的 4 个工作小项 159

一、审核出库单据 159

二、配货 160

　　　三、复核出库物资 ……………………………………………… 162

　　　四、发货 ……………………………………………………… 163

第九章　智能化仓库与集装箱 ……………………………… 165

第一节　熟悉智能化仓库管理应知应会的 2 个工作小项 ……… 167

　　　一、了解智能化仓库的构成 ………………………………… 167

　　　二、操控仓库管理系统 ……………………………………… 170

第二节　了解集装箱作业应知应会的 2 个工作小项 ………… 176

　　　一、了解集装箱 ……………………………………………… 176

　　　二、熟悉集装箱作业 ………………………………………… 180

第十章　仓库安全管理 …………………………………………… 189

第一节　安全保卫工作中应知应会的 3 个工作小项 ………… 191

　　　一、做好保卫工作 …………………………………………… 191

　　　二、保证安全作业 …………………………………………… 192

　　　三、做好劳动保护 …………………………………………… 194

第二节　消防安全工作中应知应会的 3 个工作小项 ………… 195

　　　一、安装防火设施 …………………………………………… 196

　　　二、预防火灾 ………………………………………………… 202

　　　三、处理火情 ………………………………………………… 203

第一章

仓库管理人员的9大工作事项

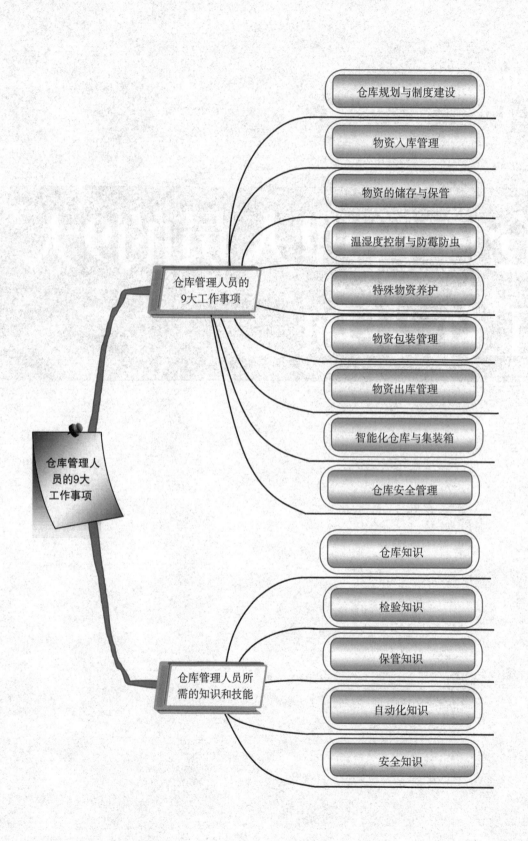

第一节　仓库管理人员的 9 大工作事项

一、仓库规划与制度建设

仓库既是物资存储的场所，也是仓库管理人员的主要工作场所。对仓库进行合理的规划并建立健全的仓库管理制度，是开展仓库工作的前提。

（一）仓库规划

仓库管理人员在进行仓库规划时，应首先在整个仓库范围内规划出专门的存储区域，然后根据仓库及储存物资的特点将存储区划分成不同的货位，并对货位及物资编号管理，以便对存储物资进行规范化、细致化的管理。

（二）仓库管理制度建设

仓库管理人员应该建立由仓储管理规定、物资编号管理办法、物资入库管理制度、物资储存管理制度、物资出库管理制度、呆废料处理制度及仓库安全管理规定等组成的仓库管理制度，从而为仓库的规范化操作提供参照依据。

二、物资入库管理

物资入库是物资进入仓库的第一个环节，做好物资入库阶段的每一步工作，是仓储工作顺利进行的基础。

（一）接货

收到到货通知后，仓库管理人员应立即着手准备物资的接货工作。在这个阶段，仓库管理人员应该提前为物资规划好具体的存放位置，安排人员到承运单位或供货单位提货，并根据物资的搬运方法，准备需要的装卸搬运设备。

（二）验收

对于接收或直接运送到库的物资，仓库管理人员要先将其置于待检区，并对其进行全面的检查，包括核对其证件是否齐全、数量是否准确、质量是否合格，待检验合格后方可进行入库操作。

（三）入库制表

为了便于对库存物资进行管理，使企业能够随时掌握仓库储存物资的具体信息及各种物资的出入库情况，仓库管理人员应该在物资入库时立即填写入库单，登记库存明细账，设置物资保管卡，并将物资的各种资料进行收集，为其建立专属的物资档案。

三、物资的储存与保管

物资入库后，仓储作业便进入了储存保管阶段。物资储存保管的目标包括三个方面：一是充分利用仓库条件，做好物资的储存工作；二是定期对库存物资进行盘点，使仓库的账、物、卡相符；三是与生产及采购部门紧密配合，将物资库存成本降至最低。

（一）物资储存

物资入库存储时，仓库管理人员要因地制宜，充分利用仓库存储空间，对适合货架摆放的物资进行上架摆放，对适合堆垛的物资进行合理堆垛，以提高仓库的使用效率。

（二）盘点

为了减少物资收发作业时的错误及误差为企业带来的损失，使企业更加准确地掌握库存物资情况，仓库管理人员必须对物资进行定期盘点。

（三）库存控制

在仓库中储存适当的存货，有利于企业生产或销售的顺利进行，但存货过多则会占用过多资金，影响企业发展。因此，在进行物资存储时，仓库管理人员必须采用适当的方法，控制物资存量，使物资保持合理的库存。

四、温湿度控制与防霉防虫

对库存物资进行管理，除了要保证物资的数量无误之外，还要注意保护物资质量，使物资安全完好地度过存储期。控制好仓库的温度，防止物资霉腐或被害虫侵蚀，是物资养护的基本工作。

（一）调节与控制仓库温湿度

仓库的温度与湿度是影响物资质量的主要原因，它不仅能够直接引起物资质量变化，而且关系到微生物及各种害虫的繁殖与生长以及化学反应等因素。可以说，调节与控制仓库的温湿度，是对库存物资进行保养的基本技能。

（二）防霉腐

以动植物为原料制作的物资，在一些微生物的作用下会产生霉腐，从而影响物资的质量。仓库管理人员要具备防霉腐的相关知识，使用恰当的方法防止物资霉腐，并对已经霉变的物资进行救治。

（三）防虫蛀

生活在仓库中的昆虫会啃食物资，从而对物资质量造成危害。仓库管理人员应定期通过高温杀虫、气调防治等物理防治方法以及喷杀虫剂、熏蒸等化学方法杀灭害虫。

五、特殊物资养护

除了做好仓库的温湿度控制与防霉防虫工作外，仓库管理人员还要掌握金属物资、高分子物资及化学危险品等这些特殊物资的养护方法，并做好这些物资的养护工作。

（一）金属物资防锈蚀

金属物资会因为发生化学反应或电化学反应而产生锈蚀，从而影响金属物资的使用价值。因此，对那些易生锈的金属物资，必须进行特殊的保养，以防止发生锈蚀。

（二）高分子物资防老化

易老化的物资主要是高分子化合物，如橡胶制品、塑料制品、合成纤维制品，它们在储存和使用的过程中，会受到外界环境因素的影响而发生异变，并逐渐丧失使用价值。仓库管理人员要掌握它们的特性，并通过改善存储环境对其进行养护。

（三）储存化学危险品

化学危险品是指那些具有易燃、助燃、易爆、腐蚀、毒害等危险特性的物品，它们有严格的保管要求，仓库管理人员应该遵守作业规范，采取严格的防范措施，防止危险的发生。

六、物资包装管理

在物资的流通过程中，包装具有重要作用，它不仅能够有效地保护物资，而且可以使物资的运输及储存更加方便。

（一）包装标识与条形码

通常情况下，为了便于物资在流通过程中的运输、搬运与储存，在物资的运输包装上一般会标有各种包装标识及物资的条形码。了解各种标识的意义并能够对物资进行正确的标识是仓库管理人员需要掌握的一项基本技能。

（二）物资包装

仓库管理人员要在了解物资包装的基本知识的基础上，根据物资自身的特点及运输、储存的要求，为其设计合适的包装，运用适当的包装方法及包装机械，完成物资的包装工作，在有效保护物资的同时降低成本。

七、物资出库管理

物资在仓库经历入库、储存、保养等环节后，最后面临的一个环节是出库。出库是仓库作业流程中最后的环节，也是仓库提高服务质量的中心环节。

（一）物料发放

物料发放是仓库配合生产部门的需要，按照一定的计划，为生产部门提供物料的过程。在这个过程中，仓库在积极准备，按时、按量发放物料的同时，还要做好物料的控制工作。

（二）成品出库

成品出库是仓库按照业务部门开具的出库凭证，将企业产品转交出去的过程。此时，仓库管理人员的工作重点应该放在准确、高效上，以便提高仓库中产品的周转速度。

八、智能化仓库与集装箱

在掌握一般仓库作业的基础上，仓库管理人员还要掌握现代化的仓储技术。

（一）智能化仓库

现代物流的发展对仓库运转效率的要求迅速提高。智能化仓库能够高效地实现货物的搬运、堆码、分拣、配送等作业，并通过计算机及通信系统，有计划、有目的地管理存货。仓库管理人员不仅要通过学习了解智能化仓库的构成，而且要学会简单地操作。

（二）集装箱

货物集装化是现代仓储及物流的一个发展方向，集装箱则是其中使用最广泛的一种技术。仓库管理人员要了解各种集装箱的标准，并掌握集装箱装箱及运输的方法。

九、仓库安全管理

安全是仓库管理工作的一个重要方面。只有在安全的前提下，仓库的各项活动才能够顺利地展开。仓库管理人员必须做好仓库的安全保卫及消防工作，确保仓库物资及人员的安全。

（一）安全保卫工作

为了确保仓库的安全，仓库管理人员必须组织保卫人员做好仓库的保卫工作和仓库作业人员的劳动保护工作，以保证仓库安全生产的进行。

（二）消防工作

仓库的消防工作必须贯彻"预防为主、消防结合"的方针，执行《中华人民共和国消防法》和公安部制定的《仓库防火安全管理规则》，并根据仓库的具体情况安装防火设施，做好火灾的预防与处理工作。

第二节　仓库管理人员所需的知识和技能

一、仓库知识

（一）了解仓库的功能

仓库是企业物流系统中不可缺少的部分。通过储存适当数量的物资，仓库能够在时间上协调原材料及产成品的需求与供给，为企业的生产及销售活动做必要的调节和缓冲，其功能如图 1-1 所示。

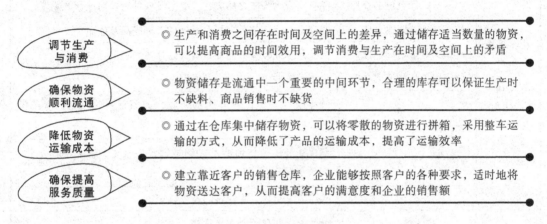

调节生产与消费　◎ 生产和消费之间存在时间及空间上的差异，通过储存适当数量的物资，可以提高商品的时间效用，调节消费与生产在时间及空间上的矛盾

确保物资顺利流通　◎ 物资储存是流通中一个重要的中间环节，合理的库存可以保证生产时不缺料、商品销售时不缺货

降低物资运输成本　◎ 通过在仓库集中储存物资，可以将零散的物资进行拼箱，采用整车运输的方式，从而降低了产品的运输成本，提高了运输效率

确保提高服务质量　◎ 建立靠近客户的销售仓库，企业能够按照客户的各种要求，适时地将物资送达客户，从而提高客户的满意度和企业的销售额

图 1-1　仓库的功能

（二）知晓仓库的分类

在了解仓库基本功能的基础上，仓库管理人员还要了解仓库的分类及其主要职能，以做到有针对性地管理，提高仓库的运营效率。仓库的分类和职能如表 1-1 所示。

表 1-1　仓库的分类和职能

划分依据	仓库类型	职能说明
仓库在流通环节所负担的职能	采购供应类仓库	储存从全国的生产企业收购和从国外进口的物资
	批发类仓库	储存从采购供应类仓库调进和在当地收购的物资
	零售仓库	为商业零售企业短期储货，以供卖场销售
	转运仓库	储存商业系统中转分运和转换运输用具的特运物资，这类仓库一般设在铁路或公路的车站、沿海口岸或江河水路码头附近
	加工仓库	储存物资并兼营某些物资的挑选、整理、分级、分装的简单加工
	物流配送仓库	为商业系统物流配送的物资提供储存保管服务

（续表）

划分依据	仓库类型		职能说明
仓库在生产环节所处的领域	生产领域	物料仓库	储存并发放企业生产中所需的原材料、零部件等物料
		成品仓库	储存生产企业已经制成并经检验合格，可以直接进行销售的商品
	流通领域	物流企业中转仓库	对中转物资提供储存保管、物资检验、流通加工、开展配送业务等服务
		零售商仓库	为满足企业业务需要，储存各种零售商品
		国家储备仓库	储存国家为预防自然灾害、战争及各种意外而保存的物资
仓库隶属关系	工业企业附属仓库		储存企业生产的原材料、零部件、半成品及成品
	储运企业所属仓库		为满足企业经营的需要，暂时储存各种物资
	物资供销机构所属仓库		为本系统的生产储存各种物资
仓库的储存条件	库房		储存受气候条件影响大的货物，如原材料、产品、生产零部件
	货棚		储存受气候条件影响不大的货物，如汽车、桶装液体货物、有色锭材
	货场		储存大型钢材、水泥制品及集装箱等
仓库储存货物类别	综合性仓库		分区分类储存若干大类货物
	专业性仓库		只储存某一大类货物
	特种仓库		储存性质特殊的货物，如保温库、冷藏库、危险品库
仓库的作业方式	人力仓库		规模小，采用人工作业方式，主要储存电子元器件、工具、备品备件等货物
	半机械化仓库		入库采用机械作业方式，如叉车；出库采用人工作业方式，适合储存批量入库、零星出库的产品
	机械化仓库		入库和出库均采用机械作业方式，按图行车、叉车、运输等，适合储存整批入库、整批出库、长大笨重的货物
	半自动化仓库		配备高层货架和运输系统，采用人工操作巷道堆垛机的方式，经常用于储存各种备件
	自动化仓库		以高层货架为主，配备自动巷道作业设备和输送系统的无人仓库

二、检验知识

在物资的储存过程中，检验是必不可少的环节。在物资入库、储存保养及出库时，仓库管理人员都需要对物资进行检验。仓库管理人员需掌握以下检验知识，以确保物资检验的准确性。

（一）了解测量工具知识

验收物资数量时经常用到的工具主要包括测重量的衡器设备与量尺寸的量具设备。

1. 衡器设备

仓库储存及保管的物资中，很多是以重量为计数单位的，因此，衡器设备是仓库作业中使用最多和最主要的计量设备。

根据仓库收发物资的性质及收发量的大小，仓库一般配备案秤、台秤、汽车衡等衡器设备，它们各自的特点及适用范围如表1-2所示。

表1-2　衡器设备的特点及适用范围

衡器名称	特点	适用范围
案秤	◎ 案秤具有稳定的平衡性，准确性较高，且能很快地称量货物，但称量较小，仓库常用的案秤最大称量一般在10~20千克	适用于称量小件或轻质物资，经常在配发小件或轻质物资次数频繁的仓库中使用
台秤	◎ 台秤是复式杠杆组成的衡器，最大称量较案秤大，有0.5~3吨多种等级，但其测量精度不如案秤	适合储存小吨位物资的仓库使用，是仓库应用最广泛和必备的衡器设备
汽车衡	◎ 汽车衡是比较小型的无轨地下磅秤，当汽车停在其上时，能够迅速称出汽车及其上所载物资的总重量，其最大称量一般为10~15吨	适用于使用各种非轨行车辆进行收发料搬运作业的仓库

仓库管理人员要熟练掌握各类衡器设备的使用方法，从而提高测量的准确性及工作效率，同时需了解如何正确合理地使用与妥善保管衡器设备，并经常对其进行保养，以保持衡器设备的准确性。

2. 量具设备

各种量具也是仓库所必备的设备，用以计量以长度为单位的物资及测量物资的尺寸规格，以判断其质量是否符合标准。熟练掌握量具的使用是仓库管理人员必须掌握的技能。仓库常用的量具包括普通量具和精密量具。

（1）普通量具

普通量具主要包括直尺、钢制卷尺、皮尺等，它们各自的特点及注意事项如表1-3所示。

表1-3 常见普通量具的特点及注意事项

量具名称	特点	注意事项
直尺	直尺有木制、钢制、塑料制等多种，直尺上通常刻有公制和英制两种刻度，其精度可以精确到毫米，但其测量的总体长度较短，一般为1米以下	直尺一般用来测量体积较小的物资，当精度要求超过直尺的精度范围时，不能用以度量
钢制卷尺	钢制卷尺的尺身由较薄的钢片制成，长度有1米、2米、10米、15米、20米、30米、50米、100米等数种，它的测量精度可以精确到毫米，由于其伸缩性较小，因而测量较准确	平时应用煤油擦拭保养，使用时应注意勿使其扭曲折断，并要注意防止其割破手指
皮尺	皮尺的尺身由麻加铜丝并涂以涂料制成，其测量长度主要有10米、15米、20米、30米、50米、100米等，由于其伸缩性较大，因此不及钢制卷尺准确	使用皮尺时，不得拖曳、打折和拉伸，收起时不可过分绕紧或放松

使用各种量尺来度量物资时，量尺必须被放正。量长方形物资时，量尺要与被量的物资顶端垂直，与侧边平行；量圆形物资时，量尺要与物资的中心线平行。

（2）精密量具

精密量具主要有游标卡尺和千分尺两种，用于对测量精度要求较高的测量工作中，其具体说明如表1-4所示。

表1-4 精密量具说明

量具名称	说明
游标卡尺	◎ 根据用途不同，游标卡尺分为普通游标卡尺、高度游标卡尺、深度游标卡尺和齿形游标卡尺四类 ◎ 仓库中主要使用的是普通游标卡尺，精度有1毫米、0.05毫米和0.02毫米三种
千分尺	◎ 千分尺的精度较高，可精确到0.01毫米，适用于对测量精度要求高的物资

（二）了解质量检验知识

为了确保物资出入库时的质量并做好物资储存过程中的保养工作，仓库管理人员必须掌握物资质量检验的相关知识。

1. 检验的内容

物资质量检验的内容主要分为外观质量检验与内在质量检验两个方面，具体内容如图1-2所示。

外观质量检验
主要指对物资的外形、结构、花样、色泽、气味、触感、疵点、表面加工质量、表面缺陷等进行检验

内在质量检验
主要指对物资的有效成分的种类含量、有害物质的限量、物资的化学成分、物理性能、机械性能、工艺质量、使用效果等进行检验

图1-2 物资质量检验的内容

2. 检验的方式

在企业仓库管理中，常用的质量检验方式主要有免检、全检和抽样检验，具体如表1-5所示。

表1-5 物资质量检验的方式

检验方式	说明	适用范围
免检	以供货方提供的物资的合格证或有关单位检验后提供的数据为依据，从而确定物资是否合格	◎ 生产过程稳定，对后续生产无影响的物资 ◎ 长期检验证明品质优良、信誉很高的物资 ◎ 国家批准的免检产品或通过产品品质认证的物资
全检	对物资逐个测定，从而判定物资合格与否	◎ 价值高但检验费不高的物资 ◎ 某项物资的关键品质特性和安全指标 ◎ 生产批量不大、品质不稳定且无严格措施保证质量的物资 ◎ 精度要求比较高或对下道工序加工影响比较大的物资 ◎ 手工操作比重较大、品质不稳定的加工工序所生产的物资 ◎ 客户退回的不合格物资
抽样检验	按预先确定的抽样方案，从物资中抽取一定数量的样品构成一个样本，通过对样本的检验推断物资是否合格	◎ 生产过程稳定、生产批量大、品质比较稳定的物资 ◎ 数量多、价值低且允许有不合格产品混入的物资 ◎ 需检验物资较多，希望节省检验费用与检验时间的情况 ◎ 不易划分单位的连续物资 ◎ 生产效率高、检验时间长的物资 ◎ 即使有少数不合格也不会造成重大损失的物资 ◎ 希望检验对供应商改进品质起促进作用，强调生产风险的物资

三、保管知识

物资的保管涉及物理学、化学、微生物学、昆虫学、气象学、商品学等多方面的知识，仓库管理人员需通过对物资的自然属性及引起物资质量变化因素的研究，采取适当的储存方法，以保证物资的质量。

（一）了解物资质量变化的形式

物资质量变化的形式主要包括物理变化、化学变化、生理生化变化及其他生物引起的变化等，具体内容如图 1-3 所示。

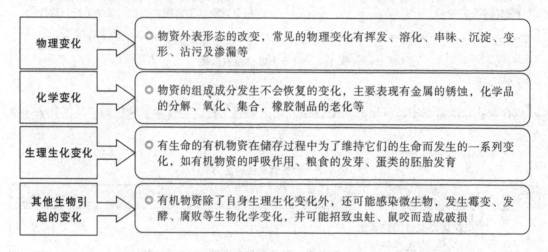

物理变化	◎ 物资外表形态的改变，常见的物理变化有挥发、溶化、串味、沉淀、变形、沾污及渗漏等
化学变化	◎ 物资的组成成分发生不会恢复的变化，主要表现有金属的锈蚀，化学品的分解、氧化、集合，橡胶制品的老化等
生理生化变化	◎ 有生命的有机物资在储存过程中为了维持它们的生命而发生的一系列变化，如有机物资的呼吸作用、粮食的发芽、蛋类的胚胎发育
其他生物引起的变化	◎ 有机物资除了自身生理生化变化外，还可能感染微生物，发生霉变、发酵、腐败等生物化学变化，并可能招致虫蛀、鼠咬而造成破损

图 1-3 物资质量变化的形式

（二）明确影响物资质量变化的因素

仓库管理人员在明确了质量变化的形式后，需准确判断影响物资质量变化的因素，从而对其进行有效的控制，保证物资质量。影响物资质量变化的因素主要有下列两类。

1. 物资的内在因素

对物资在储存期间的质量变化起决定作用的是物资的内因，它包括物资的化学成分及其化学性质、物资的物理结构及其物理性质。

2. 外在的环境因素

储存期间外部环境的影响也是导致物资质量变化的重要因素，如空气中的氧、日光、温度、湿度、微生物、仓虫和卫生条件，都会对物资的质量产生影响。

四、自动化知识

自动化就是指在没有人的直接参与下，机器设备所进行的生产管理过程。自动化仓库就是自动化技术与仓储系统的结合。

自动化仓库是能自动储存和输出物资的仓库，它是由多层货架、运输系统、计算机系统和通信系统组成的，集信息自动化技术、自动导引小车技术、机器人技术和自动仓储技术于一体的集成化系统，其具体功能如图1-4所示。

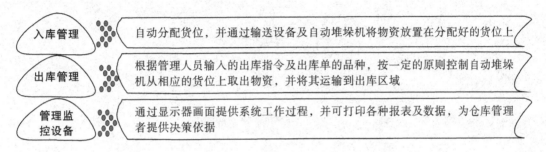

图1-4　自动化仓库的功能

五、安全知识

安全是进行其他各种活动的前提，仓库管理安全知识主要包括仓库保卫知识和仓库消防知识两个方面，具体内容如表1-6所示。

表1-6　仓库管理安全知识

安全知识类别	具体内容
仓库保卫知识	◎ 与仓库保安工作相关的基本法律法规知识 ◎ 与仓库作业活动相关的安全生产及操作知识 ◎ 与仓库作业人员相关的劳动保护知识
仓库消防知识	◎《建筑设计防火规范》（GB50016-2006）中有关仓库存储物资危险性质、仓库耐火等级、层数、占地面积、安全疏散、防火间距、堆放形式等方面的知识 ◎《仓库防火安全管理规则》中关于仓库消防组织建设、物品储存管理、物品装卸管理、仓库电器设备管理、仓库火源管理、消防设施和器材管理等方面的知识 ◎ 库存物资的物理、化学特点，以及特殊的防火、灭火要求 ◎ 各种消防设施和器材的使用方法及适用范围

第二章

仓库规划与制度建设

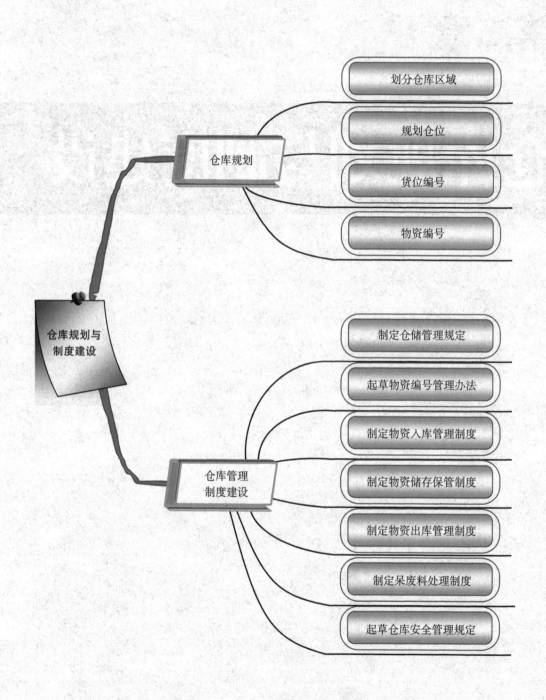

第一节　仓库规划工作中应知应会的4个工作小项

　　仓库是仓库管理人员工作的主要场所，同时也是物资存储的主要空间。通过对仓库内的空间进行合理的规划，不仅能够增加仓库的存储容量，而且能够保证仓储活动中各种作业协调、高效地进行。

一、划分仓库区域

　　仓库中各区域根据其用途不同，可分为存储区、辅助生产区和行政生活区三大部分。

（一）存储区

　1. 存储区的构成

　　存储区是仓库的主体部分，是物资储运活动的场所，主要包括储货区、铁路专用线路及道路、装卸站台三部分。存储区各部分的构成及要求如下所示。

　　（1）储货区

　　储货区是储存、保管物资的场所，分为库房、货棚、货场三类。储货区的构成如表2-1所示。

表2-1　储货区的构成

类别	说明
库房	◎ 库房是储存物资的封闭式建筑，根据建筑的结构不同，库房可以分为砖木结构的库房、水泥混凝土结构库房、全钢结构的库房三类 ◎ 主要用来储存受气候条件影响较大的物资，如一般消费品及大部分生产原材料

（续表）

类别	说明
货棚	◎ 货棚是储存物资的设施，只有顶棚，四周并不是封闭的 ◎ 用来储存受气候条件影响不大的物资，如桶装液体货物、有色锭材、汽车及机械设备
货场	◎ 货场是用于储存物资的露天堆场 ◎ 主要用于储存基本不受气候条件影响的物资，如大型钢材、水泥制品

（2）铁路专用线路及道路

铁路专用线路是由国家铁路部门直接引入企业，专供一些物流、采矿、大型制造业企业使用的铁路。通过铁路专用线路，运货的火车可以直接沿铁路将物资运到企业仓库内部。

仓库中的道路是仓库内外物资的主要运输通道，供运货的汽车或其他搬运工具行驶，物资的进出库和库内物资的搬运都需要通过这些运输线路。

在安排仓库的道路时，仓库管理人员要确保物资运输途径的畅通，并将铁路专用线路与仓库内其他道路相通，以保证物资搬运作业的流畅。

（3）装卸站台

装卸站台是供火车或汽车装卸物资的平台，一般分为单独站台和库边站台两种。装卸站台的高度和宽度在设计时需根据运输工具及装卸作业方式而确定。

2. 存储区的划分与规划

在明确仓库存储区的类别后，仓库管理人员需按照图 2-1 所示的程序开展存储区的划分规划工作。

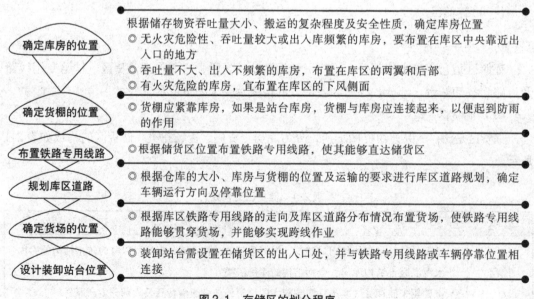

图 2-1　存储区的划分程序

仓库管理人员在布置与规划存储区的过程中，必须综合考虑以下六个方面的问题。

（1）符合作业流程

存储区的划分要根据仓库作业的程序，保证物资装卸、验收、入库、储存、出库、盘点、搬运等相对便利，从而提高仓储作业的效率。

（2）减少搬运距离

存储区的划分要尽可能减少储存物资及仓库管理人员的运动距离，以提高仓储劳动效率，节约仓储费用。

（3）减少无效工作

存储区的合理规划要有利于仓库作业时间的有效利用，从而避免各种工作无效重复，避免各种时间上的延误，使各个作业环节有机衔接，尽量减少人员、设备的窝工，防止物资堵塞。

（4）合理利用空间

存储区的合理布置要有利于充分利用仓库面积和建筑物的空间，杜绝仓库面积和建筑物空间上的浪费，以提高仓库的利用率和仓库的经济效益。

（5）安排配套设施

存储区的合理布置要有利于仓库的各种设施、储运机具效用的充分发挥，提高设备效率及劳动效率。

（6）注重仓库安全

存储区的合理布置还要有利于包括仓储物资、仓储人员、仓储设施和仓储机具在内的整个仓库的安全。

（二）辅助生产区

辅助生产区是为物资储运保管工作服务的辅助车间或服务站，包括车库、变电室、油库、维修车间、包装材料间等。辅助生产区应尽量安排在靠近生产作业区的位置。

（三）行政生活区

行政生活区是仓库行政管理机构的办公地点和生活区域，其位置应该与存储区及辅助生产区分开，并保持一定距离，一般设于仓库入口附近，以利于仓储业务的接洽和管理，保证行政办公安静有序地开展。

二、规划仓位

仓位是指仓库中物资储存的位置。仓库管理人员对仓位进行合理的规划，可有效提高仓库的使用效率、加快仓储作业的运作速度并有助于存储物资的安全保存。规划仓位的具体程序如下。

（一）有效存储面积的计算

在进行仓位划分时，仓库管理人员首先需要正确地计算并规划出仓库中可以使用的、能够用于保存物资的面积。仓库中能够用来存放物资的面积称为有效面积，其计算公式如下所示。

有效面积＝库房内墙线围成面积－（立柱面积＋电梯面积＋消防设施所占面积＋办公设施所占面积）－（过道所占面积＋垛距所占面积＋墙距所占面积＋验收备料区面积）

在仓库已经建成的情况下，由于仓库内立柱、电梯等都已经完工，无法对其进行更改，此时，为了扩大仓库储存物资的能力，仓库管理人员就需要对仓库过道及其他各种设施设置进行合理的规划，从而扩大仓库的有效面积，具体内容如下。

1. 设计仓库通道

仓库内的通道是除了货物存储面积外所占面积最大的部分，它的设计要求是能够保证货物有效的存取，搬运及装卸设备正常的运作，电梯、防火设施及服务区的设备便于使用。企业中常见的仓库通道的类型及其设计要点如表2-2所示。

表2-2　仓库通道的类型及其设计要点

通道类型	作用说明	设计要点	设计顺序
工作通道	货品放入或移出存储区的通道	主要通道通过库房中央，且尽可能直通，使其两端在出入口，同时连接主要交叉通道	首先设计
电梯通道	提供货物出入电梯的通道	根据电梯的位置设置，距离工作通道3~4.5米	其次设计
设施通道	为公共设施、防火设备等设置的进出通道	根据公共设施及消防设施的位置设置	
人行通道	便于仓库管理人员及装卸人员进出的通道	在必要的情况下设计，尽量减少所占面积及其对主要通道的影响	最后设计
服务通道	为存货或检验而提供大量物品进出的通道	尽量维持最小数目及占用面积，减少对主要通道的影响	

虽然减少通道面积就意味着增加了保管面积，但是过于狭窄的通道会影响作业车辆的通行及回转。在规划仓库通道时，仓库管理人员一定要充分考虑作业设施运行需要的最小宽度，并根据实际情况设置一些供其回转的空间。

2. 规划其他非存储区域

仓库中其他的非存储区域主要包括仓库内的卫生间、楼梯、办公室、清扫工具室、消防设施等，其设计要求是应该尽量设置在仓库的角落或边缘位置，以免影响保管空间的整体性，从而增加储存货物的保管空间。

（二）规划仓库的存储区域

仓库中的有效使用面积确定后，仓库管理人员还需要根据仓库作业的需要，将仓库中可存储物资的区域划分为待检区、待处理区、合格品储存区及不合格品隔离区，以放置处于不同状态的物资。各存储区域的划分如表2-3所示。

表2-3　仓库存储区域的划分

仓库区域	标识颜色	作用	位置要求
待检区	黄色标识	暂时存放处于检验过程中的物资	在仓库入口附近，便于物资的卸载及检验
待处理区	白色标识	暂时存放不具备验收条件或质量暂时不能够确认的物资	在仓库入口附近与待检区临近，以方便对其进行检验
合格品储存区	绿色标识	存放合格的物资	仓库的主要存储区域
不合格品隔离区	红色标识	暂时存放质量不合格的物资	在仓库的出口附近，便于物资的搬运

仓库管理人员在仓库内除了设置上述基本区域外，还可以根据仓储业务的需要，在仓库内设置卸货作业区、流通加工区和出库备货区等。

（三）合理安排仓位

为了提高仓库的运转效率，在仓库中规划出放置物资的区域后，仓库管理人员还需要根据存放物资的特点，为其确定具体的仓位。常见的仓位安排方法如图2-2所示。

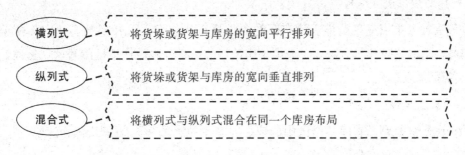

横列式　----　将货垛或货架与库房的宽向平行排列

纵列式　----　将货垛或货架与库房的宽向垂直排列

混合式　----　将横列式与纵列式混合在同一个库房布局

图2-2　仓位安排方法

仓库管理人员在安排仓位时，需注意下列四项要求，以保证仓位安排的合理性。

1. 根据物资的储备定额决定仓位

为了保证物资有足够的空间存储，仓库管理人员需要根据物资储备定额，规划其在仓库中的仓位。对于储备定额量较大的物资，应该规划出较大仓位进行存放；对于储备定额量较小的物资，可以适当地减少存储仓位。

2. 根据物资的使用频率确定仓位

为了加快物资的流转速度，对于那些使用频率较高、周转速度较快的物资，应该将其仓位安排在距离仓库进出口较近，便于装卸及搬运的位置；而那些使用频率低的物资，可以将其仓位安排在仓库的中央。

3. 根据物资的保管要求划分仓位

为了方便物资的保存及养护，仓库管理人员可以根据物资的保管要求对物资的仓位进行划分，将需要相同的温湿度、保养方法以及灭火方法的物资分类保存。

4. 根据物资分类目录规划仓位

为了便于仓库中储存物资的管理，仓库管理人员可以根据物资的分类目录对其进行仓位的规划。例如，对建筑材料仓库仓位进行规划时，可以按照存储物资的属性将其分为五金交电水暖类、化工（油漆）铝钢材类、板（木）材建材（包括瓷砖）类、手动工具和机具及配件类、日常防护劳保用品类，并分类保存。

三、货位编号

货位编号工作是指仓库管理人员将库房、货场、货棚及货架按地址、位置顺序统一编列号码，并在仓库中做出明显标识的过程。货位编号用以明确物资的存储位置，以方便物资的存取。仓库货位编号工作主要分为两项，具体内容如下。

（一）对货位进行编号

仓库管理人员应遵守编排规律有序的要求进行货位编号，并根据企业实际的编号需要，选择合适的货位编号方法。企业中常用的货位编号方法包括地址编号法、区段编号法及品类群编号法三种。

1. 地址编号法

地址编号法是利用仓库存储区中的现成参考单位，如建筑物第几栋、区段、排、行、层、格，按相关顺序编号。

"四号定位法"是常见的地址编号法，它采用一串四个数字号码对货位进行编号，这几个数字号码分别对应库房（货场）、货架（货区）、层次（排次）、货位（垛位），如编号"7-9-6-14"就是指该货位位于7号货场、9号货区、第6排、14号垛位。

2. 区段编号法

区段编号法就是把存储区分成几个区段，再对每个区段进行编码。仓库管理人员在对仓库进行区域划分时，可以根据物资平均流量的大小确定区域大小。对于平均流量大的物资，可以多划分几个区域；对于平均流量比较小的物资，则应该少划分几个区域。

3. 品类群编号法

品类群编号法是把一些相关性物资经过集合后，区分成几个品项群，再对每个品项群进行编码。这种方式适用于容易按品项群保管的场合和品牌差距大的商品，如服饰群、五金群、食品群。

（二）对货位进行标示

仓库管理人员需按照标识明显易找的要求，根据货位的标号对货位进行标示，以有利于目标物资位置的确定。在对货位进行标示时，仓库管理人员需要注意图2-3所示的问题。

1	对货位的标示要有规律，需按照1、2、3……或A、B、C……等顺序依次标示，不能出现断号或跳号的情况
2	同一仓库中所有货位的标示符号要统一，不得出现同一仓库内货位标示方法不同的情况
3	货位的标示要明显，便于寻找
4	货位标示字迹需书写工整，且其内容需清晰
5	需在仓库的入口处张贴"仓库平面图"，标明仓库的仓位、仓门、各类通道、门、窗、电梯等相关内容

图2-3　货位标示要求

四、物资编号

物资编号是一组用来代替物资的品名、规格或属类及其他有关事项的，有规律且简单的文字、符号、字母或数字，其使用可确保物资信息传递的准确性与安全性，且利于仓库计算机系统的应用及库存报表的管理，从而有效提高仓库物资管理效率。

在进行物资编号时，仓库管理人员要对库存物资的品种、类别、规格和性能等进行整理，形成物资类别品种体系，并进行系统化的统一编码标识工作。常用的物资编号方法有以下三种。

（一）层次编码法

层次编码法是将物资按照层次、从属关系分类，然后按照物资在分类体系中的层次、顺序依次进行编码，其使用示例如下。

某超市仓库采用层次编码法进行商品编号，编号准则为：商品编码分为五部分，依次是商品部组、商品大类、商品中类、商品小类、商品具体型号，其中前四类分别用 1~9 中的一位数字表示，而具体型号则用 01~99 中的两位数字编号。

依照上述编号准则，仓库内××电饭锅的编码为 51362-7，各号码的释义如下所示。

5 是部组编码——家电部组，编号是 5。

1 是大类编码——小家电大类，编号是 1。

3 是中类编码——厨房用具中类，编号是 3。

6 是小类编码——电饭锅小类，编号是 6。

2-7 是商品型号编码——××型号，编号是 2-7。

（二）平行编码法

平行编码法是将物资的性质按照互相平行的几个面进行划分，每个分类面确定一定数量的码位，从而对物资进行编码的一种方法，其使用示例如下。

某服装厂成品仓库采用平行编码法对物资进行编号，编号准则如下。

1. 将服装分为面料和款式两面，并给每个面编号。

2. 每个面又可分成若干类目，具体如下表所示。

类目编码表

面编码 类目编码	A	B
1	棉	麻
2	休闲	运动

根据上述编码要求，本厂品牌棉制运动套装的编号为 1A2B。

（三）混合编码法

混合编码法是层次编码法与平行编码法的结合运用，即可列出各类物资的自然属性或特征，选取部分属性或特征用层次编码法，而另一部分属性或特征则用平行编码法来表示，进行综合编码。

仓库管理人员根据物资编号的实际需要，选择合适的编码方法进行物资编号，在编号中需注意图 2-4 所示的四项要求。

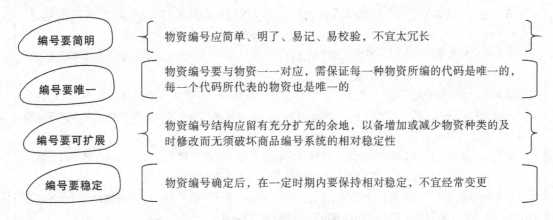

编号要简明	物资编号应简单、明了、易记、易校验，不宜太冗长
编号要唯一	物资编号要与物资一一对应，需保证每一种物资所编的代码是唯一的，每一个代码所代表的物资也是唯一的
编号要可扩展	物资编号结构应留有充分扩充的余地，以备增加或减少物资种类的及时修改而无须破坏商品编号系统的相对稳定性
编号要稳定	物资编号确定后，在一定时期内要保持相对稳定，不宜经常变更

图 2-4 物资编号要求

第二节 仓库管理制度建设中应知应会的 7 个工作小项

一、制定仓储管理规定

（一）仓储管理规定的内容

企业仓储管理规定需对仓储工作中入库、出库、保管、库存控制等工作的实施规范进行明确，需包括但不限于图 2-5 所示的五项内容。

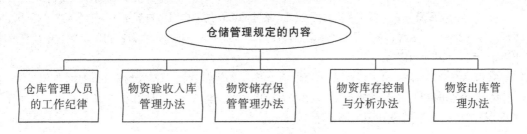

仓储管理规定的内容

仓库管理人员的工作纪律　物资验收入库管理办法　物资储存保管管理办法　物资库存控制与分析办法　物资出库管理办法

图 2-5 仓储管理规定的内容

（二）仓储管理规定模板

制度名称	仓储管理规定	编　　号	
		受控状态	

第1章　总则

第1条　为使仓库管理工作规范化，保证仓库和库存物资的安全完整，更好地为公司经营管理服务，结合本公司的具体情况，特制定本规定。

第2条　本规定适用于公司仓储部及仓储部门工作人员的日常管理工作。

第2章　入库管理规定

第3条　公司各部门所购一切物资，严格履行先入库、后领用的规定，如属直提使用部门或场所也必须于事后及时补办出、入库手续。

第4条　采购物资抵库后，仓库管理人员要按照已核准的"订货单""采购申请单"和"送货单"仔细核对物资的品名、规格、型号、数量及外包装是否完好无损，核对无误后将到货日期及实收数量填写于"订货单"或"采购申请单"，同时开具"入库单"办理入库手续。

第5条　如发现单货不符、外包装破损或其他质量问题，仓库管理人员要及时向上级反映，同时通知售后服务部门、采购部门和厂家代表共同现场鉴定，必要时拍照记录。

需要特别指出的是，原则上单货不符的物资不得接受，但采购部门要求收下该物资时，仓库管理人员要告知上级，在单据上注明实际收货情况，并会签采购部门。

第6条　物资抵库但尚未收到"订货单"或"采购申请单"时，仓库管理人员应先洽询采购部门，确认无误后才能办理入库手续。

第7条　发生退库或退货时，仓库管理人员要认真审核"退货单"或有关凭证，核查批准手续是否齐全，认真记录退库或退货产品数量、质量状况。退库或退货产品要单独存放，如可重新销售应优先出库。

第8条　对于使用单位退回的物资，仓库管理人员要依据退库原因研究处理对策，如原因系供应商造成的，要立即通知采购部门。

第9条　入库时，仓库管理人员要认真查抄入库号码，填写"入库号码单"，并在每日业务结束时及时将"入库号码单"报至统计员处输入计算机。

第3章　出库管理规定

第10条　办理出库时，仓库管理人员需认真审核"出库单"或"领用单"，核查出库批准手续（特别要注意有无财会部门"收讫""转讫"戳记）是否齐全，严格依据所列项目办理出库，并核签有关单据。如发现计算有误时，仓库管理人员要立即通知开票人员更正，确定无误后才能发货。

第11条　仓库管理人员发放物资时要坚持"推陈储新、先进先出、按规定供应、节约"的原则，发货坚持一盘底、二核对、三发货、四减数，同时坚持单货不符不出库、包装破损不出库、残损变形不出库、唛头不清不出库。

第12条　仓库管理人员需优先保证自提商品出库，将商品及时、准确交给货主并当面点清。

第13条　出库时，仓库管理人员要认真查抄出库号码，填写"出库号码单"，并在每日工作结束时及时将"出库号码单"报至统计员处输入计算机。

（续）

第4章　物资储存保管规定

第14条　仓库管理人员应以物资的属性、特点和用途规划设置仓库，并根据仓库的条件考虑划区分工，合理有效使用仓库面积。

第15条　周转量大的物资需落地堆放，周转量小的物资需用货架存放。落地堆放的物资以分类和规格的次序排列编号，上架的物资以"四号定位"的地址编号法进行编号。

第16条　物资堆放的原则

1. 仓库管理人员需按照"安全可靠、作业方便、通风良好"的原则合理安排垛位，并按照规定确定地距、墙距、垛距、顶距。

2. 仓库管理人员需按物资品种、规格、型号等结合仓库条件分门别类进行堆放，确保作业和盘点方便、货号明显、整齐规范。

第17条　仓库管理人员需绘制填写码放位置图、标记、商品卡并置于物资明显位置。

第18条　库房搬运人员在装卸、搬运物资过程中要轻拿轻放，不可倒置，保证物资完好无损。

第19条　仓库主管需建立库存数量账，每日根据出入库凭单及时记核算。

第20条　仓库主管需每月对库存物资进行一次实物盘点，并填报"库存盘点表"，如发现盈余、短少、残损或变质，必须查明原因，分清责任，写出书面报告，提出处理建议，呈报上级和有关部门，未经批准不得擅自调账。

第21条　仓库主管要积极配合财会部门做好全面盘点和抽点工作，定期与财会部门对账，保证账表、账账、账物相符。

第22条　仓库管理人员需每日清扫整理仓库并做好仓库环境保持工作，每次作业完毕要及时清理现场，保证库容整洁。

第23条　仓库管理人员需做好防火、防盗、防潮、防锈、防腐、防霉、防鼠、防虫、防尘、防爆、防漏电等防患工作，确保物资的安全。

第24条　仓库管理人员需切实做好安全保卫工作，严禁闲人进入库区，对因工作需要出入库的人员、车辆按规定盘查和登记，签收"出门证"或填写"出入门证"。

第5章　库存控制与分析管理规定

第25条　仓储部经理需掌握和应用现代仓储管理技术与ABC分析法，实行工作质量标准化，不断提高仓库管理水平。ABC分类法指按成本比重高低将各存货项目分为A、B、C三类，对不同类别的存货采取不同的控制方法。ABC分类法的划分标准、控制方法及适用范围之间的关系如下表所示。

ABC 分类法

类别	划分标准		控制方法	适用范围
	占存储成本比重	实物量比重		
A类	70%左右	不超过20%	重点控制	品种少、单位价值高的存货
B类	20%左右	不超过30%	一般控制	介于二者之间的存货
C类	10%左右	不低于50%	简单控制	品种多、单位价值低的存货

第26条　仓储部经理需会同有关部门协商制定合理采购批量和库存安全量，降低存货总成本，加速资金周转，提高资金的使用效率。

第27条　仓储部经理需做好仓库与采购、销售环节的衔接工作，在保证经营供应、管理需要等合理储备的前提下，力求减少库存量。

第28条　仓储部经理需定期进行库存物资结构与周转分析，及时上报预警信息，协助做好报损、报废和呆滞物资的处理工作。

第6章　仓库管理人员工作要求与纪律

第29条　仓储部经理需严格履行出入库手续办理规范，对无效凭单或审批手续不健全的出、入库作业请求有权拒绝办理，并及时向上级反映。

第30条　仓库管理人员需妥善保管出入库凭单和有关报表、账簿，不可丢失。

第31条　仓库管理人员出现工作调动时，库房主管需组织、监督其办理交接手续。只有当交接手续办妥之后，仓库管理人员才能离开工作岗位。移交中的未了事宜及有关凭单要列出清单三份，写明情况，交接双方与上级签字，各保留一份。

第32条　仓库管理人员需监督做好文明安全装卸、搬运工作，保证物资完整无损。

第33条　仓库管理人员需做好仓库的安全、防火和卫生工作，确保仓库和物资安全完整，库容整洁。

第34条　仓库管理人员需做好仓库所使用的工具、设备设施的维护与管理工作。

第35条　仓库管理人员需做好以下"四检查"。

1. 上班必须检查仓库门锁有无异常，物品有无丢失。

2. 下班检查是否已锁门、拉闸、断电及是否存在其他不安全隐患。

3. 经常检查库内温度、湿度，保持通风。

4. 检查易燃、易爆物品或其他特殊物资是否单独存储、妥善保管。

第36条　仓库管理人员需严格遵守以下工作纪律。

1. 严禁在仓库内吸烟、动用明火。

2. 严禁酒后值班。

3. 严禁无关人员进入仓库。

4. 严禁未经财务总监同意涂改账目、抽换账页。

5. 严禁在仓库堆放杂物。

6. 严禁在仓库内存放私人物品。

7. 严禁私领、私分仓库物品。

8. 严禁在仓库内谈笑、打闹。

9. 严禁随意动用仓库的消防器材。

10. 严禁在仓库内私拉乱接电源、电线。

（续）

第37条　未按本规定办理物资入库、出库手续而造成物资短缺，规格、质量不符合要求或账实不符的，仓库管理人员承担由此引起的经济损失，其上级领导负责任，并视情节按公司《员工奖惩制度》相应条款进行处罚。

第7章　附则

第38条　本规定由仓储部制定，其解释权、修订权归仓储部所有。

第39条　本规定经总经理批准后颁布执行。

编制日期		审核日期		批准日期	
修改标记		修改处数		修改日期	

二、起草物资编号管理办法

（一）物资编号管理办法的内容

物资编号管理办法是仓库物资编号工作的规范，主要包括物资编号方法和物资编号使用要求两部分内容。

（二）物资编号管理办法模板

制度名称	物资编号管理办法	编　　号	
		受控状态	

第1条　为加强物资的管理控制工作，使物资管理工作简洁化，提高工作效率和完善物资管理，特制定本办法。

第2条　本办法适用于公司仓库内所有物资的编号工作。

第3条　本公司物资编号为10位数字和字母混合编号，其结构如下图所示。

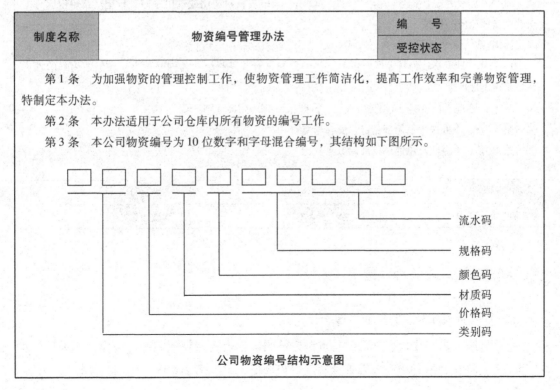

公司物资编号结构示意图

（续）

第 4 条　类别码的编号要求

1. 类别码是第一位和第二位号码，用阿拉伯数字表示。

2. 仓库内物资主要分为电子、塑胶、五金、包料、化工等，其中电子类材料编号为 01～20，塑胶材料编号为 21～40，五金材料编号为 41～60，包装材料编号为 61～80，化工材料编号为 81～90，其他材料编号为 91～99，具体参照"物料编号一级分类表"。

第 5 条　价格码的编号要求

价格码是第三位号码，用英文字母表示，价格高者为 A，中等价格者为 B，低价格者为 C。具体参照"价格分类表"。

第 6 条　材质码的编号要求

材质码是第四位号码，用英文字母表示，是各类材质缩写的首字母，具体参照"材质分类表"。

第 7 条　颜色码的编号要求

颜色码是第五位号码，用英文字母表示，其采用与物资最相近颜色的英文单词的第一个字母，具体参照"颜色分类表"。

第 8 条　规格码的编号要求

规格码是第六位和第七位号码，用数字或英文字母表示，代表此种物料的规格，具体参照"物料规格编码对照表"。

第 9 条　流水码的编号要求

流水码是最后三个号码，用阿拉伯数字表示，其根据物料使用或进出顺序进行记录，用以区分前面的编号都相同的物料。

第 10 条　编号使用规范

1. 仓库管理人员在物料入库后按照上述编号规定对其进行统一的编号处理，并保证编号的唯一性，不得出现重号的情况。

2. 仓库管理人员对编号后的物料进行管理时，一律使用物料编号。

第 11 条　本办法由仓储部制定、解释与修订。

第 12 条　本办法经总经理批准后颁布执行。

编制日期		审核日期		批准日期	
修改标记		修改处数		修改日期	

三、制定物资入库管理制度

（一）物资入库管理制度的内容

仓库管理人员必须根据物资的特点制定恰当的物资入库管理制度，以保证入库物资的数量、质量符合要求。物资入库管理制度应包含但不限于图 2-6 所示的四项内容。

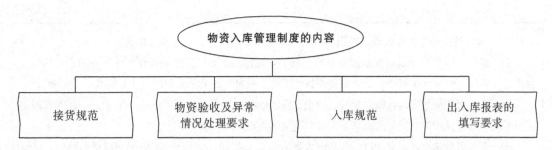

图2-6　物资入库管理制度的内容

（二）物资入库管理制度模板

制度名称	物资入库管理制度	编　号	
		受控状态	

第1条　为规范物资入库管理工作，提高物资入库工作的工作效率，特制定本制度。

第2条　本制度适用于物资入库管理工作。

第3条　仓库管理人员接到采购部门转来的"采购单"时，需将采购单按物资类别、来源和入库时间等分门别类归档存放。

第4条　物资待验入库前，仓库管理人员应在物资外包装上贴好标签，并详细填写批量、品名、规格、数量及入库日期。

第5条　内购物资入库要求如下所述。

1. 物资入库前，仓库管理人员必须对照"采购单"，对物资的名称、规格、数量、送货单和发票等一一清点核对，确认无误后，将到货日期及实收数量填入"请购单"。

2. 如发现实物与"采购单"上所列的内容不符，仓库管理人员应立即通知采购人员和主管。在这种情况下原则上不予接收入库，如采购部门要求接收则应在单据上注明实际收到状况，并请采购部门会签。

第6条　外购物资入库要求如下所示。

1. 物资运抵仓库后，仓库管理人员应会同检验人员对照"装箱单"及"采购单"开箱核对物资名称、规格和数量，并将到货日期及实收数量填入"采购单"。

2. 开箱后，仓库管理人员如发现所装载物资与"装箱单"或"采购单"记载不符，应立即通知采购部门处理。

3. 如发现所装载物资有倾覆、破损、变质、受潮等现象，经初步估算损失在＿＿＿元以上者，仓库管理人员应立即通知采购人员、公证人员等前来公证并通知代理商前来处理，此前应尽可能维持原来状态以利公证作业。如未超过＿＿＿元，可按实际数量办理入库，并在"采购单"上注明损失程度和数量。

4. 受损物品经公证或代理商确认后，仓库管理人员应开具"索赔处理单"呈仓库主管批示，再送财务部门及采购部门，请其办理索赔。

（续）

5. 入库以后，仓库管理人员应将当日所收料品汇总填入"进货日报表"作为入账依据。

第7条　交货数量超过订购量部分原则上应予以退回，但对于以重量或长度计算的物资，其超交量在____%以下时，仓库管理人员可在备注栏注明超交数量，经请示采购部门主管同意后予以接收。

第8条　交货数量未达订购数量时，原则上应予以补足，但经请购部门主管同意后，仓库管理人员可采用财务方式解决，届时应通知采购部门联络供应商处理。

第9条　紧急物资入库交货时，若仓库管理人员尚未收到"请购单"，应先询问采购部门，确认无误后办理入库。

第10条　物资入库验收与退货要求如下所述。

1. 质量管理部应协调物资使用部门和其他有关部门按照生产要求制定"物资验收规范"，呈总经理核准后公布实施，作为采购验收依据。

2. 质量管理部负责物资的质量检验工作，具体的工作要求如下所示。

（1）属外观等易识别性质检验的物资，质量管理部门应于收到物资后一日内完成检验。

（2）属化学或物理检验的物资，质量管理部门应于收件后三日内完成。

（3）对于必须试用才能实施检验的物资，质量管理部经理需在"物资检验报告表"中注明预定完成日期，并在规定时间内组织检验工作。

3. 检验合格的物资，检验人员在外包装上贴合格标签，交仓库管理人员入库定位。

4. 检验不合格的物资，检验人员在外包装上贴"不合格"标签，在"物资检验报告表"上注明具体评价意见，经主管批示处理办法后，转采购部门处理并通知请购单位，通知库管部门办理退货。

5. 检验不合格的物资办理退货时，检验人员应开具"不合格物资交运单"并附"物资检验报告表"呈主管签认，作为出库出厂凭证。

第11条　本制度由仓储部制定，其解释权、修订权归仓储部所有。

第12条　本制度经总经理批准后颁布执行。

编制日期		审核日期		批准日期	
修改标记		修改处数		修改日期	

四、制定物资储存保管制度

（一）物资储存保管制度的内容

物资储存保管制度用以规范物资储存阶段的保管、保养及盘点等工作，需包括但不限于图2-7所示的三项内容。

图2-7 物资储存保管制度的内容

（二）物资储存保管制度模板

制度名称	物资储存保管制度	编　号	
		受控状态	

第1条　目的

为确保物资储存管理科学化、合理化、规范化，提高物资保管质量，特制定本制度。

第2条　适用范围

本制度适用于本公司仓库内所有物资的储存保管工作。

第3条　物资类型

本制度所指的物资包括但不限于以下四个方面的物资。

1. 产品原材料、生产过程中产生的半成品、包装材料。

2. 机电设备备件和配件、生产工具、低值易耗品等。

3. 因销售需要而储存的成品。

4. 销货退回品、旧货估回品、试用或展出收回品。

第4条　物资检查

1. 仓库管理人员应定期对物资在库情况进行检查，排查物资霉变、破损、虫蛀、潮湿等状况，检查物资的完整、牢固状况，保证在库物资的质量安全。

2. 检查时，仓库管理人员除了使用感官检查物资质量外，还可以用仪器测定物资的具体状况。

3. 仓库管理人员应加强对下列四类物资的检查。

（1）性能不稳定的物资。

（2）利用旧包装或包装有异常的物资。

（3）重新入库、从外仓转来的物资。

（4）异常天气情况下入库的物资。

第5条　仓库温湿度调节

1. 仓库管理人员应根据物资的性能要求，严格控制仓库温湿度，确保良好的物资存储环境。

2. 在仓库温湿度调节不好控制的情况下，仓库管理人员应采取以下三种措施控制温湿度。

（1）密封容易变质的物资，以减少外界不良侵害。

（2）针对物资要求，有计划地定期对仓库进行通风。

（续）

（3）采用生石灰、氧化钙、硅胶或者机械方法对仓库进行吸潮处理。

第6条　物资防霉腐

1. 仓库管理人员应做好仓库卫生工作，及时清理仓库垃圾，去除霉腐隐患。

2. 仓库管理人员应控制好仓库的温湿度和氧气含量，创造不易霉腐的储存环境。

3. 仓库管理人员应利用除氧剂、百菌清等对物资进行防霉变管理。

第7条　物资防锈、除锈

对于金属类物资，仓库管理人员应做好物资防锈、除锈工作，具体包括以下四个事项。

1. 控制和改善储存条件。

2. 保持库房干燥。

3. 利用涂油、包裹塑料、涂漆等方法防锈。

4. 利用人工、机械和化学方法除锈。

第8条　仓库病虫害防治

1. 仓库管理人员应对入库物资予以虫害检查与处理。

2. 仓库管理人员应对仓库环境进行维护，保持仓库清洁，并定期对仓库内的物资进行杀虫、防虫处理。

第9条　仓库物资盘点

仓库管理人员应每日、每月定期对仓储物资进行盘点，保证物资账实相符；若账实不相符，仓库管理人员应分析账实不符的原因，并提出处理办法，经仓储部经理批准后实施。

第10条　仓库环境异常处理

1. 仓库管理人员应及时对发现和检测到的环境异常进行记录。

2. 仓库管理人员应在权责范围内及时采取措施处理环境异常情况，确保异常及时消除。

3. 仓库管理人员应及时上报无法处理的异常情况。

第11条　本制度由仓储部制定、解释与修订。

第12条　本制度自颁布之日起执行。

编制日期		审核日期		批准日期	
修改标记		修改处数		修改日期	

五、制定物资出库管理制度

（一）物资出库管理制度的内容

在物资出库阶段，仓库管理人员要制定物资出库管理制度，以对物资出库进行规范化管理，从而迅速、准确、安全地完成物资出库作业。物资出库管理制度应该包括但不限于图2-8所示的两项内容。

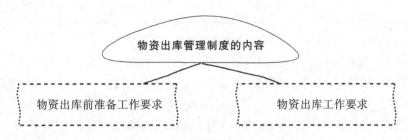

图2-8　物资出库管理制度的内容

（二）物资出库管理制度模板

制度名称	物资出库管理制度		编　　号	
			受控状态	
执行部门		监督部门	维修部门	

第1条　目的

为规范物资出库工作，确保物资能够准确、及时出库，特制定本制度。

第2条　适用范围

本制度适用于公司物资出库管理规范工作。

第3条　物资出库准备

1. 对出库的物资原件进行包装整理。物资出库前，出库管理人员必须视物资包装的情况事先进行整理、加固或改换包装等处理。

2. 零星物资的组配、分装。出库管理人员要对零星物资进行组装或分装，以适应客户的需要。

3. 包装材料、工具、用品的准备。出库前，出库管理人员需准备好包装材料及相应的衬垫物以及刷写包装标志的用具、标签、颜料和钉箱等。

4. 人员、装卸设备的准备。物资出库前，出库管理人员应根据需要，合理安排出库人员及装卸设备，以保证出库工作按要求顺利完成。

第4条　物资出库前，出库管理人员需对提货单、物资出库单、物资检验合格报告书等出库凭证进行核对，保证物资的编号、规格、品名、数量、质量等信息准确。

第5条　出库凭证经复核无误后，出库管理人员应按其所列的项目内容和凭证上的批注，与编号货位进行对货，核实后核销物资明细卡上的存量，按规定的批次备货。

第6条　备货完毕后，出库管理人员需按以下要求组织理货。

1. 出库管理人员协同领料员应根据理货场地大小、运输车辆到库的班次，对到场物资进行车辆配载。

2. 领料部门应对配载的物资进行单货核对，核对工作必须逐车、逐批地进行。

3. 理货员必须在应发物资的外包装上标识收货方的简称，方便收货方的收转。

第7条　理货完毕后，出库管理人员应按照出库凭证，对出库物资的品名、规格、数量再次核对，以保证物资出库的准确性。

（续）

第 8 条　出库物资复核无误后，出库管理人员需完成以下工作。

1. 将物资交与领料人清点，办清交接手续。

2. 车辆到库装载待运物资时，协同领料员亲自在现场监督装载过程，必须共同点交清楚实际装车件数。

3. 经点交清楚的物资发运后，物资出库工作即告结束，出库管理人员应做好清理工作，及时核销物资明细卡，调整物资上的吊牌，以保持物资的账、卡、物一致。

第 9 条　本制度由仓储部制定、解释与修订。

第 10 条　本制度经总经理批准后颁布执行。

编制日期		审核日期		批准日期	
修改标记		修改处数		修改日期	

六、制定呆废料处理制度

（一）呆废料处理制度的内容

企业呆废料处理制度中需明确呆废料的界定及呆废料的处理要求两部分的内容，从而对企业呆废料的处理工作进行有效的规范，确保企业呆废物料处理工作的高效、及时。

（二）呆废料处理制度模板

制度名称	呆废料处理制度		编　　号	
			受控状态	
执行部门		监督部门	维修部门	

第 1 章　总则

第 1 条　为规范呆废物料的处理工作，确保呆废物料能够得到有效、及时的处理，特制定本制度。

第 2 条　本制度适用于呆废物料的处理工作。

第 2 章　呆料处理

第 3 条　呆料即呆滞物料，指最后异动日至盘查时的间隔时间超过 180 天的物料。

第 4 条　仓库管理人员需在每月整理物料库存报表时，将呆滞物料的编号、名称、规格、数量、最后异动日予以明确列出。

第 5 条　仓库主管需根据物料库存报表，统计、汇总呆滞物料总金额、数量，并列出呆滞金额或数量最多的前＿＿＿种物料明细，填写"呆滞物料库存状况表"。

"呆滞物料库存状况表"一式四联，一联交仓储部经理自存，一联交总经理（或生产副总），一联交财务部，一联交生产管理部物资控制部门。

（续）

第6条　仓储部应在呆滞物料库存状况表上填写呆滞物料处理建议，提供给相关人员参考，并于每月生产经营会议或生产计划会议上提出。

第7条　仓储部需根据各级领导的批示对呆滞物料进行处理，并针对呆滞物料状况对相关部门提出改进意见。仓储部常用的呆滞物料处理办法如下所示。

1. 将呆滞物料再加工后予以利用，如整形、重镀。

2. 在保证不影响功能、安全及主要外观的前提下，将呆滞物料代用于类似物料。

3. 将呆滞物料回收后再利用，如塑胶制品回收。

4. 将呆滞物料退还供应商。

5. 将呆滞物料转售给其他使用厂商。

6. 将呆滞物料售给中间商，如废品回收站。

7. 暂缓处理，继续呆滞，等待处理时机。

8. 将呆滞物料报废处理。

第3章　废料处理

第8条　本制度中所涉及的废料指经过使用后，已失去原有功能而本身无可用价值的物料。

第9条　仓库管理人员需收集公司产生的各种废料，具体要求如下所示。

1. 对于仓库中的各种废料，仓库管理人员需及时收集。

2. 对于其他部门送交的废料，仓库管理人员需及时登记，注明品名、收到数量，并逐月对各部门实际交废料数量进行汇总。

第10条　仓库管理人员需对废料产生原因进行分析，并根据分析结果及废料的特性进行处理。常见的处理方式有出售、移作他用、残值利用三种。

第11条　废料处理完毕后，仓储部需对废料确认信息、分析信息、处理方案及处理台账整理存档。

第4章　附则

第12条　本制度由仓储部制定、解释与修订。

第13条　本制度经总经理批准后颁布执行。

编制日期		审核日期		批准日期	
修改标记		修改处数		修改日期	

七、起草仓库安全管理规定

（一）仓库安全管理规定的内容

为了保证仓库中存储物资的安全，仓库管理人员要制定仓库安全管理规定，从而做好仓库的防火及保卫工作。仓库安全管理规定主要包括安全管理组织结构设置、安全管理事项实施要求两部分的内容。

（二）仓库安全管理规定模板

制度名称	仓库安全管理规定		编　　号	
			受控状态	
执行部门		监督部门	维修部门	

第1条　目的

为了做好仓储安全防护工作，保证仓储物资的安全，特制定本规定。

第2条　适用范围

本规定适用于本公司仓储物资的安全管理工作。

第3条　组织管理

1. 公司应建立健全的仓储安全责任制度，并设一名仓储领导为仓储安全责任人，全面负责仓库物资的安全管理工作。仓储安全责任人的职责如下。

（1）组织仓储工作人员学习安全法规，完成领导部署的安全工作。

（2）组织制定防火、防盗、防汛等安全管理及巡逻检查制度，落实逐级安全责任制和岗位安全责任制。

（3）组织对仓储工作人员开展安全宣传、业务培训和考核，提高员工的安全素质。

（4）组织开展安全检查，消除火灾隐患，制定应急预案。

2. 仓库管理人员负责仓库安全的具体工作。仓库管理人员应当熟悉库存物资的分类、性质、保管业务知识和安全管理规定，掌握安全器材的操作使用和维护保养办法，做好本岗位的安全管理工作。

3. 仓库门卫人员负责做好警卫工作，未经仓储部经理批准，非仓库管理人员一律不得进入仓库。

第4条　储存安全管理

1. 库房的设计应符合国家《建筑设计防火规范》和《仓库防火安全管理规则》的要求。

2. 仓库管理人员应根据物资性质在物资储存场所配备足够的、与物资性质相适应的安全器材，并设置消防通信和报警设备。

3. 仓库管理人员应在仓库、垛旁和罐区设置明显的安全等级标志，并保持通道、出入口道路的畅通。

4. 库存物资的存放应满足"五距"要求，即留出一定的墙距、柱距、灯距、垛距、顶距。

5. 露天存放的物资应当分类、分堆、分组、分垛存放，并留出必要的安全间距。

6. 容易发生化学反应或灭火方法不同的物资应分间、分库存放，并且在醒目位置标明存放物资的名称、性质和灭火方法。

7. 仓库管理人员应将易自燃和遇水分解的物资存放在低温、通风、干燥的库房，并安装检测仪器，严格控制仓库的温度、湿度。

8. 危险品仓库的管理人员应熟知所保管物资的名称、理化性质以及防火、防爆、防毒的措施，并配备必要的防护用品、器具。

9. 危险品仓库内不准设办公室、休息室，不准住人。

（续）

第 5 条　装卸安全管理

1. 起重装卸车辆经检验合格后方能使用，起重工应持证上岗。

2. 装卸人员应根据物资的尺寸、质量、形状选用合理的装卸搬运设备，严禁超高、超宽、超重、超速以及进行其他不规范操作。

3. 危险品装卸、使用操作应符合危险品装卸运输安全管理、化学危险品使用有关管理的规定。

4. 各种机动车辆装卸完物资后，不得在库区、库房内停放、修理。

5. 装卸工作结束后，工作人员应对库房、库区进行检查，确认安全后方可离开。

第 6 条　电器安全管理

1. 仓库内不得使用移动式照明灯具，照明灯具的垂直下方与物资的水平距离应在____米以上。

2. 库房内所有配电线路需用金属管或非燃硬塑料管保护。

3. 库房供电系统应在库房外设置开关箱，仓库管理人员离开时应切断库房内电源。

4. 仓库内电器设备的安装、检查、维修和保养工作必须由持电工证的电工进行，电工应严格遵守各项电器操作规程。

第 7 条　火源管理

1. 仓库内应设置醒目的防火标志，进入库区的人员不得携带火种。

2. 库房内严禁使用明火，在库房周围使用明火时应按规定办理相关证件。

第 8 条　安全设备管理

1. 库房应按国家安全技术管理规定设置、配备相应的安全设施和安全器材。

2. 安全器材应放置在明显、便于取用的位置，且周围不得堆放物资和杂物。

3. 仓库的安全设施应由专人负责检查、保养、维护、更换和添置，保证安全设备的完好，严禁任何人挪用、填压、圈占安全设施。

4. 库区的消防车道和仓库的安全出口、疏散楼梯等安全通道内严禁堆放物资。

第 9 条　防盗管理

1. 仓库管理人员离开仓库时，必须严格按照公司相关管理制度交接班。

2. 仓库必须保证有值班人员值班，特殊情况下仓库无人时，仓库管理人员必须锁好仓库大门。

3. 仓库管理人员每天必须检查仓库门锁有无异常、物资有无丢失；如有丢失，需及时上报处理。

第 10 条　本规定由仓储部负责制定、解释，报总经理批准后执行，修改时亦同。

第 11 条　本规定自颁布之日起执行。

编制日期		审核日期		批准日期	
修改标记		修改处数		修改日期	

第三章

物资入库管理

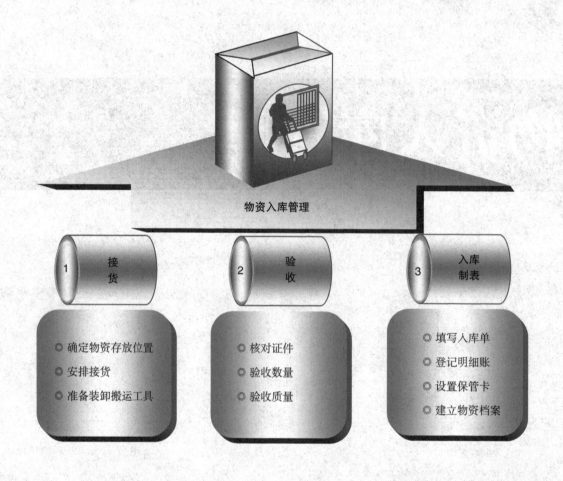

物资入库管理

| 1 | 接货 | 2 | 验收 | 3 | 入库制表 |

◎ 确定物资存放位置

◎ 安排接货

◎ 准备装卸搬运工具

◎ 核对证件

◎ 验收数量

◎ 验收质量

◎ 填写入库单

◎ 登记明细账

◎ 设置保管卡

◎ 建立物资档案

第一节 接货工作中应知应会的 **3** 个工作小项

一、确定物资存放位置

仓库管理人员在接收物资前，应该预先根据物资的性质、数量等因素，为其安排好恰当的存放位置。

（一）选择储存方式

仓库管理人员需对物资的性质进行分析，以确定其储存方式。常见的物资储存方式主要有专仓专储与分区分类储存两种，具体内容如表3-1所示。

表3-1 仓库物资储存方式

储存方式	说明	适用范围
专仓专储	◎ 在仓库中划分出专门的仓间，用于专门储存、保管某一种物资 ◎ 储存物资种类少，但其数量一般较多 ◎ 储存的物资性质一般较特殊，不宜与其他物资混存	◎ 食品类 ◎ 易燃、易爆、有毒的化学品 ◎ 保存条件特殊的物资 ◎ 特别贵重的物资
分区分类储存	◎ 将仓库划分为若干个保管区，在其中存放性质相近的物资，以便集中保管及养护 ◎ 储存物资种类多，但某一类物资数量较少 ◎ 储存的物资具有互容性	◎ 保存条件一般的物资，如纺织品、家电 ◎ 保存时不会互相影响的物资，如肥皂与洗发水

（二）划分存放位置

仓库管理人员需根据物资的储存方式，划分物资的存放位置。常见的划分物资存放位置的方法有以下四种，仓库管理人员需要根据物资的实际情况选择合适的方法。

1. 按物资的种类和性质划分

按物资的种类和性质分类储存，是大多数仓库采用的存放位置划分方法。它要求按照物资的种类及性质，将其分类存放，并以此作为存放位置划分的依据，将储存、保养方式相同的物资放置在同一区域，而将互相影响或保养条件相抵触的物资分开储存。

2. 按物资的危险性质划分

这种划分方法主要适用于储存危险品存放位置划分，它要求按照物资的危险性质，划分易燃、易爆、易氧化、有腐蚀性、有毒害性、有放射性的物资的存放位置,将其分开存放,避免相互接触,防止燃烧、爆炸、腐蚀、毒害等事故的发生。

3. 按物资的归属单位划分

这种划分方法主要使用于专门从事保管业务的仓库,其要求物资存放位置需根据物资所属的单位对其进行分区保存,以提高物资入库和出库时的作业效率。

4. 按物资的运输方式划分

这种划分方法主要使用于储存期短而进出量较大的中转仓库或待运仓库的物资存放位置的划分。它要求依据物资的发运地区及运输方式进行存放位置的划分。

(三)整理存放区域

确定物资的具体存放位置后,仓库管理人员还需要对相应区域做适当的整理工作,以便于物资的放置及保养,其具体工作如下所示。

1. 准备验收场地

仓库管理人员需要根据物资入库验收的程序及方法,为待入库的物资准备好验收的场地,以方便物资及时验收入库。

2. 腾出存放空间

仓库管理人员要根据入库物资的品种、数量等,结合物资的存放方式,计算出该批物资占用仓位的面积,并在仓库中提前腾出足够的仓储面积,以便于物资的摆放。根据物资计量方法的不同,物资存放空间计算要求如下所示。

(1)计重物资堆码空间。计重货物可以根据仓储定额计算,计算公式如下所示。

$$堆码物资占用面积(平方米) = \frac{物资到货数量(吨)}{该种物资的仓储定额(吨/平方米)}$$

(2)计件物资堆码空间。对于有外包装的计件货物,其堆码占用面积的计算公式如下所示。

$$堆码物资占用面积(平方米) = \frac{入库总件数}{允许堆码层数} \times 单件物资底面积(平方米)$$

(3)上架物资摆放空间。对于放置于货架上的物资,其存放时所需占用的货位的计算公式如下所示。

$$物资占用货位 = 单个物资所占货位 \times 物资数量$$

3. 做好现场清洁

仓库管理人员还需对腾出的存放空间及验收场地进行细致的清洁,以保证物资在搬运及储存过程中的安全。

二、安排接货

接运物资是物资入库前的重要环节。仓库管理人员应根据不同的接运方式,安排人员进行接货，其具体要求如下所示。

（一）明确接货程序

1. 铁路专用线路接货

铁路专用线路接货是铁路部门将转运的物资直接运送到仓库内部专用线的一种接运方式。接货人员在接到车站到货的预报后，按照图3-1所示的步骤做好接货工作。

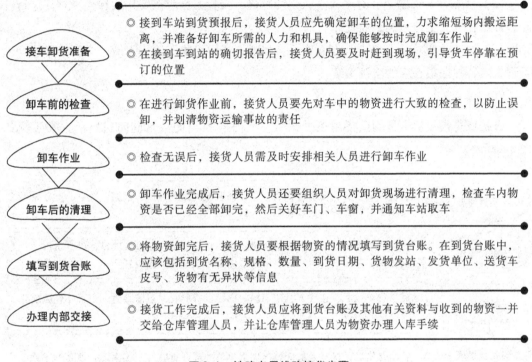

接车卸货准备 ◎ 接到车站到货预报后，接货人员应先确定卸车的位置，力求缩短场内搬运距离，并准备好卸车所需的人力和机具，确保能够按时完成卸车作业
◎ 在接到车到站的确切报告后，接货人员要及时赶到现场，引导货车停靠在预订的位置

卸车前的检查 ◎ 在进行卸货作业前，接货人员要先对车中的物资进行大致的检查，以防止误卸，并划清物资运输事故的责任

卸车作业 ◎ 检查无误后，接货人员需及时安排相关人员进行卸车作业

卸车后的清理 ◎ 卸车作业完成后，接货人员还要组织人员对卸货现场进行清理，检查车内物资是否已经全部卸完，然后关好车门、车窗，并通知车站取车

填写到货台账 ◎ 将物资卸完后，接货人员要根据物资的情况填写到货台账。在到货台账中，应该包括到货名称、规格、数量、到货日期、货物发站、发货单位、送货车皮号、货物有无异状等信息

办理内部交接 ◎ 接货工作完成后，接货人员应将到货台账及其他有关资料与收到的物资一并交给仓库管理人员，并让仓库管理人员为物资办理入库手续

图3-1 铁路专用线路接货步骤

2. 到车站、码头提货

接货人员到车站、码头等承运单位提货时，需遵照以下步骤。

（1）安排接运工具。在去车站、码头提货时，接货人员应先与承运单位联系，以了解货物的特性、单件重量、外形尺寸等情况，并据此安排好接货工具。

（2）前往承运单位。准备好接运工具后，接货人员应带领接运人员前往承运单位，准备接货。

（3）出示领货凭证。接货人员到达车站后，应向车站出示预先收到的由发货人寄来的领货凭证。如果未收到领货凭证，也可凭单位证明或在货票存查联上加盖单位提货专用章，将货物提回。

到码头提货的手续与车站稍有不同，接货人员需在收到的提货单上签名并加盖单位公章或附上单位提货证明，到港口货运处取得货物运单，并到指定的库房提取货物。

（4）检查物资状况。在提货时，接货人员首先应根据运单和有关资料认真核对物资的名称、规格、数量、收货单位等信息，然后需对物资进行外观检查，注意其包装是否铅封完好、有无水渍、油渍、受潮、污损、锈蚀、短件、破损等。

如果发现问题或出现与运单记载不相符合的情况，接货人员应当与承运单位当场检查确认，并让其开具文字证明。

（5）装载并运回物资。对于检查无误的物资，接货人员应该安排装卸人员对其进行装卸，并将物资安全地运到企业仓库。

（6）办理内部交接。物资运到仓库后，接货人员要将物资逐一点清，交给接货的仓库管理人员，并办理相应的交接手续。

3. 自提货

自提货是指接货人员到供货单位处提货，此时验收与提货是同时进行的，其步骤如图3-2所示。

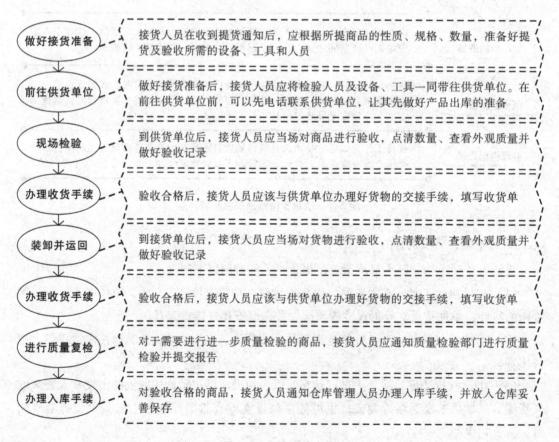

图3-2 自提货的步骤

4. 送货到库

送货到库是指供货单位或其委托的承运单位将物资直接送达仓库的一种供货方式。当物资到达后，接货人员与验收人员应直接与送货人员办理接收工作，当面验收并办理交接手续。

如果有差错，仓库管理人员应该会同送货人查实，并由送货人出具书面证明、签章确认，以留做处理问题时的依据。

（二）合理进行接货安排

在收到接运通知单时，仓库管理人员需进行接货安排，具体要求如图 3-3 所示。

1　仓库管理人员应该优先安排生产急需、周转速度快、库存量少的商品的接货

2　仓库管理人员需根据承运单位免费保管期的长短及超过免费保管期后的存储费用，合理安排接货时间

3　仓库管理人员需根据仓库作业人员及设施的工作效率，进行接货安排

图 3-3　接货安排的要求

三、准备装卸搬运工具

（一）明确装卸搬运工具

仓库管理人员需明确企业中的各种装卸搬运工具，根据具体的作业要求，选择并准备恰当的搬运工具。常见的装卸搬运工具主要包括起重机械、输送机械、装卸搬运车辆、专用装卸机械四类，具体内容如表 3-2 所示。

表 3-2　装卸搬运工具的分类

设备类型	主要作用	特点	常见设备
起重机械	垂直升降货物或兼作货物的水平移动，以满足货物的装卸、转载等作业要求	具有较大的负载，适合搬运体积大、重量沉的货物	轻小型起重机、桥式类型起重机、门式起重机和装卸桥、臂架类型（旋转式）起重机、堆垛起重机
输送机械	以连续的方式沿着一定的线路从装货点到卸货点均匀输送货物的机械	能够连续、循环运作，运动速度高、稳定，消耗功率小，但是输送线路固定，输送货物有局限性，通用性差	带式输送机、斗式提升机、悬挂输送机械、埋刮板输送机、螺旋输送机、滚柱输送机

（续表）

设备类型	主要作用	特点	常见设备
装卸搬运车辆	实现货物的水平搬运和短距离运输、装卸	机动性好，实用性强，被广泛地用于仓库、港口、车站、货场、车间、船仓、车厢内和集装箱内作业	叉车、搬运车、牵引车和挂车、手推车等
专用装卸机械	带专用取物装置的起重、输送机械或工业车辆	一般进行专用作业	装载机、卸载机、翻车机、堆取料机

（二）选择装卸搬运工具

在了解各种装卸搬运工具的基础上，仓库管理人员需根据仓库及储存物资的具体情况，选择恰当的工具对物资进行装卸及搬运，具体如下所示。

1. 根据仓库构造选择装卸搬运工具

仓库管理人员需根据仓库的设计及构造，选择合适的装卸搬运方法及工具，具体情况如表 3-3 所示。

表 3-3　仓库结构—装卸搬运方式—装卸搬运工具对应表

场所		装卸方式	装卸工具	装卸对象
仓库内	高站台	人力装卸	无	少量货物
		利用搬运装卸机器装卸	手推车、手车、搬运车、手推平板车、电动平板车、带轮的箱式托盘	一般货物、托盘货物
		输送机装卸	动力式输送机	箱装货物、瓦楞纸箱
	低站台	叉车装卸	叉车＋侧面开门的车身	托盘货物
			叉车＋托盘等带移动装置的车体	
		输送机装卸	动力式输送机	箱装货物、瓦楞纸箱
仓库外		人力装卸	人工或同重力式输送机并用	一般杂货
		机械装卸	卡车携带小型吊车	机械类托盘货物、建筑材料
			自动升降板装置	桶罐、储气罐小型搬运车或带轮箱式托盘货物和手推平板车的组合

2. 根据物资特点选择装卸搬运工具

仓库管理人员可根据物资自身的重量、尺寸、形状、数量等物理特征，选择采用不同的装卸搬运工具及方法，具体装卸搬运工具配置情况如表3-4所示。

表3-4 物资特点—装卸搬运工具对应表

物资类别	物资特点	装卸搬运工具
成件包装的物资	◎ 每件质量不得超过50千克，体积不得超过0.5立方米 ◎ 贵重且易碎	◎ 人工装卸 ◎ 手推车、人工喂给的胶带输送机、固定吊杆和搬运车及各种移动式叉车
长、大及重的物资	◎ 长度较长 ◎ 体积较大 ◎ 重量较重	◎ 起升质量为3吨、5吨、10吨及以上的移动式起重机，且配备各种器具 ◎ 3～5吨大型叉车
罐装物资	◎ 一般以油罐车装载进库的油料和桶装油料为主，它们会挥发有毒气体，并有燃烧及爆炸的危险	◎ 对于油罐车装载进库的油料，一般采用电动离心式油泵或油泵管路系统对其进行装卸 ◎ 对于桶装油料，可用各种带桶夹的移动式起重机或叉车对其进行装卸及搬运
散装物资	◎ 物资分散	◎ 自动抓斗的起重机、刮板机、高台站输送机

仓库管理人员在选择上述装卸搬运工具时，需注意图3-4所示的三项要求。

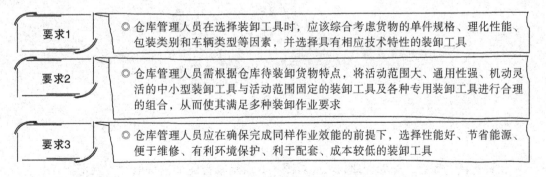

要求1	◎ 仓库管理人员在选择装卸工具时，应该综合考虑货物的单件规格、理化性能、包装类别和车辆类型等因素，并选择具有相应技术特性的装卸工具
要求2	◎ 仓库管理人员需根据仓库待装卸货物特点，将活动范围大、通用性强、机动灵活的中小型装卸工具与活动范围固定的装卸工具及各种专用装卸工具进行合理的组合，从而使其满足多种装卸作业要求
要求3	◎ 仓库管理人员应在确保完成同样作业效能的前提下，选择性能好、节省能源、便于维修、有利环境保护、利于配套、成本较低的装卸工具

图3-4 装卸搬运工具选择的要求

（三）准备装卸搬运工具

选定装卸搬运工具后，仓库管理人员需按图3-5所示的要求准备装卸搬运工具，以便物资装卸搬运工作的高效展开。

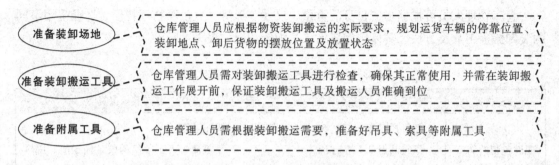

准备装卸场地	仓库管理人员应根据物资装卸搬运的实际要求，规划运货车辆的停靠位置、装卸地点、卸后货物的摆放位置及放置状态
准备装卸搬运工具	仓库管理人员需对装卸搬运工具进行检查，确保其正常使用，并需在装卸搬运工作展开前，保证装卸搬运工具及搬运人员准确到位
准备附属工具	仓库管理人员需根据装卸搬运需要，准备好吊具、索具等附属工具

图3-5　装卸搬运工具的准备要求

第二节　验收工作中应知应会的 3 个工作小项

一、核对证件

物资运抵仓库后，仓库管理人员应对图 3-6 所示物资凭证进行核对，判定物资是否准确送达。

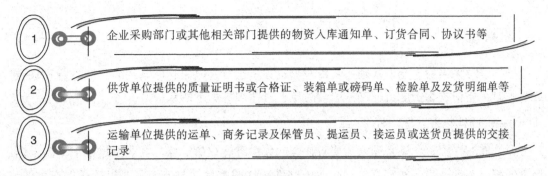

图 3-6 核对证件的类别

在核对过程中，仓库管理人员需按图 3-7 所示的要求对上述证件进行核实。

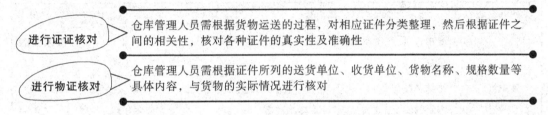

图 3-7 证件核对的要求

对于证件核对无误，或经复查核对无误的，仓库管理人员应将物资置于待检区域，并及时对其进行数量、质量及包装的验收检查。但仓库管理人员如在核对过程中发现证件不齐或不符等情况，需与货主、供货单位、承运单位和有关业务部门及时联系并加以解决，具体处理措施如表 3-5 所示。

表 3-5 核对差错处理措施

差错类别	处理措施
必要的证件不齐全	仓库管理人员需将物资作为待检品处理，堆放在待检区，待证件到齐后再进行验收
无进货合同及任何进货依据，但运输单据上标明本仓库为物资收货人	仓库管理人员在收到物资后应立即与采购部门或发货人联系，问清具体情况，并将该批物资置于待处理区，依其实际情况做好记录，待查清后再对其做出处理
供货单位提供的质量保证书与仓库的进库单、合同不符	仓库管理人员应将物资放在待处理区，通知采购部门或存货单位，并根据其提出的办法进行处理
有关证件已到库，但在规定时间内物资尚未到库	仓库管理人员应及时向采购部门或存货单位反映，以便查询处理

二、验收数量

证件核对无误后，仓库管理人员需对物资数量进行验收。仓库管理人员在进行物资数量验收时，需根据物资的特征确定验收对象，具体内容如下所示。

（一）计件物资数量验收

对计件的物资，仓库管理人员要对物资的数量进行数量清点，在清点过程中，需根据物资的特征选择适当的验收方法。企业中计件物资的数量验收方法主要包括逐件点数法、集中堆码点数法、抽检法及重量换算法等，具体内容如表3-6所示。

表3-6　计件物资数量验收的方法

方法名称	具体内容	适用物资
逐件点数法	采用人工或简易计算器逐一计数，累计得出总数	一般适合散装的或非定量包装的物资
集中堆码点数法	将物资按照每行、每层件数一致的原则，堆成固定的垛形，然后通过计算得出总数	花色品种单一、包装大小一致、数量大或体积较小的物资
抽检法	按一定比例对物资进行开箱点数	批量大、采用定量包装的物资
重量换算法	通过过磅称得物资的重量，然后换算该物资的数量	包装标准，且物资标准、重量一致

（二）计重物资数量验收

对按重量计算的物资，仓库管理人员要对其重量进行验收。仓库管理人员在确定重量验收是否合格时，可以根据验收的磅差率与允许磅差率的比较判断。若验收的磅差率未超出允许磅差率范围，说明该批物资合格；若验收的磅差率超出允许磅差率范围，说明该批物资不合格。

在重量验收的过程中，如果合同规定了验收方法，仓库管理人员应该按照合同规定的验收方法进行验收，以防止人为造成磅差；如合同未对验收方法进行明确，仓库管理人员需根据物资的特征选择验收方法，并需在出库验收时采用同样的方法检验物资。

1. 直接测量法

对于那些没有包装或包装所占重量比较小的物资，仓库管理人员可选择直接测量法，将物资直接过磅，以测量其实际重量。常用的方法如下所示。

（1）检斤验收法，指对物资进行打捆、编号、过磅，并填制码单的验收方法，适合非定量包装的、无码单的物资，其物资磅差率的计算方法如下所示。

$$实际磅差率 = \frac{实收重量 - 应收重量}{应收重量} \times 1000‰$$

（2）抄码复衡抽验法，是根据采购时合同规定的比例，抽取一定数量物资对其进行过磅的验收方法，适合定量包装并附有码单的物资。物资磅差率的计算方法如下所示。

$$抽验磅差率 = \frac{\sum 抽验重量 - \sum 抄码重量}{\sum 抄码重量} \times 1000‰$$

2. 净重计算法

对于有包装且其占物资质量的比重比较大的物资，仓库管理人员可采用净重计算法，即在验收过程中除去物资的包装，计算其净重。

（1）平均扣除皮重法，指按一定比例将物资包装拆下过磅，确定包装的平均重量，然后将未拆除包装的物资过磅，从而求得该批物资的全部皮重和毛重。在使用此方法时，仓库管理人员必须合理地选择应拆包装物，以使净重更准确。

（2）除皮核实法，指选择部分物资分开过磅，分别求得物资的皮重和净重，再对包装上标记的重量进行核对。核对结果未超过允许差率，即可依其数值计算净重。

（3）整车复衡法，指大宗无包装的物资，如煤炭、生铁、矿石，检验时将整车引入专用地磅，然后扣除空车的重量，即可求得物资净重。此方法适合散装的块状、粒状或粉状物资的重量验收。

3. 理论换算法

理论换算法是指通过物资的长度、体积等便于测量的因素，利用一些相关的公式，计算出物资重量的方法。此方法适合定尺长度的金属材料、塑料管材等物资质量的计算。

三、验收质量

仓库管理人员在进行物资数量验收时，需同时进行物资质量的验收。物资质量的验收主要是检验物资的外观质量，其具体步骤如下所示。

（一）检验物资包装

物资包装的完整程度及干湿状况与内装物资的质量有着直接的关系，通过对包装的检验，能够发现在储存、运输物资过程中可能发生的意外，并据此推断物资的受损情况。因此，在验收物资时，仓库管理人员需要首先对包装进行严格的检验，具体注意事项如图3-8所示。

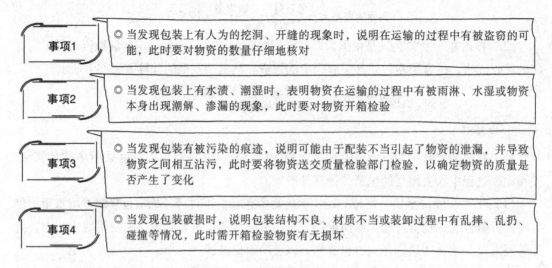

事项1　◎ 当发现包装上有人为的挖洞、开缝的现象时，说明在运输的过程中有被盗窃的可能，此时要对物资的数量仔细地核对

事项2　◎ 当发现包装上有水渍、潮湿时，表明物资在运输的过程中有被雨淋、水湿或物资本身出现潮解、渗漏的现象，此时要对物资开箱检验

事项3　◎ 当发现包装有被污染的痕迹，说明可能由于配装不当引起了物资的泄漏，并导致物资之间相互沾污，此时要将物资送交质量检验部门检验，以确定物资的质量是否产生了变化

事项4　◎ 当发现包装破损时，说明包装结构不良、材质不当或装卸过程中有乱摔、乱扔、碰撞等情况，此时需开箱检验物资有无损坏

图 3-8　物资包装检验注意事项

（二）检验外观质量

物资包装的检验只能判断物资的大致情况，因此，在物资包装外观检验完成后，仓库管理人员需对物资的外观质量进行检验，其检验的内容包括外观质量缺陷检验、外观质量受损情况及受潮、霉变和锈蚀情况检验等。

仓库管理人员对物资外观质量进行检验时主要采用感官验收法，即通过视觉、听觉、触觉、嗅觉来检查物资的质量，其具体实施方式如表 3-7 所示。

表 3-7　感官验收法实施方式

验收方式	方式说明
看	通过观察物资的外观，确定其质量是否符合要求
听	通过轻敲某些物资，细听发声，鉴别其质量有无缺陷
摸	用手触摸包装内物资，以判断物资是否有受潮、变质等异常情况
嗅	用鼻嗅物资是否已失应有的气味，有无串味及有无异臭异味的现象

对于不需要进一步质量检验的物资，仓库管理人员在完成上述检验并判断物资合格后，就可以为物资办理入库手续了。对于那些需要进一步进行内在质量检验的物资，仓库管理人员应该通知质量检验部门对物资进行质量检验，待检验合格后才能够办理入库手续。

第三节 入库制表工作中应知应会的 4 个工作小项

一、填写入库单

物资验收合格后，仓库管理人员需根据验收的结果，据实填写物资入库单。在填写产品入库单时，仓库管理人员应该做到内容完整、字迹清晰，并于每日工作结束后将入库单的存根联进行整理，统一保存。

物资入库单是记录入库物资信息的单据。根据入库物资来源的不同，入库单可以分为外购物资入库单及成品入库单，具体内容如表3-8所示。

表3-8 物资入库单的内容及使用要求

入库单类别	入库单内容	入库单使用要求
外购物资入库单	◎ 企业从其他单位采购的原材料或产品入库时所填写的单据，需记录物资的名称、物资的编号、实际验收数量、进货价格、采购合同编号、采购价格、结算方式等内容	外购物资入库单一般为一式三联。第一联留做仓库登记实物账；第二联交采购部门，作为采购员办理付款的依据；第三联交财务计账
成品入库单	◎ 用以表示企业自己生产的产品存入仓库的凭证，需包括物资的基本信息、产品的生产日期、质量检验等内容	产品入库单一般为一式三联。第一联留做仓库存根记账；第二联交生产部；第三联交财务核算部

外购物资入库单和成品入库单的具体示例如表3-9和表3-10所示，供读者参考。

表3-9 外购物资入库单

采购合同号： 件数： 入库时间：____年__月__日

物料名称	品种	型号	编号	数量			进货单价	金额	结算方式	
				进货量	实点量	量差			合同	现款

采购部经理： 采购员： 仓库管理员： 核价员：

表3-10　成品入库单

编号：　　　　　　　　　　　　　　　　　　　　入库日期：＿＿＿年＿＿月＿＿日

成品名称	型号	包装规格	编号	数量	生产日期	批号	检验单号

入库人：　　　　　　　　　复核人：　　　　　　　　　库管员：

二、登记明细账

为了便于对入库物资的管理，正确地反映物资的入库、出库及结存情况，并为对账、盘点等作业提供依据，仓库管理人员要建立实物明细账，以记录库存物资的动态。

仓库管理人员要根据对物资的具体保管要求，选择适当的账册，对物资库存情况进行记录。实物明细账可分为无追溯性要求的普通实物明细账和有追溯性要求的库存明细账两种，具体内容如表3-11所示。

表3-11　实物明细账的类别

类别	内容	适用范围
普通实物明细账	存货名称、存货编号、计量单位、最高存量、最低存量、存放地点、存货日期、存货凭证、存货摘要及存货收入、发出及结存情况	反映库存动态的物资
库存明细账	在普通实物明细账内容的基础上增加各类物资的存货情况	有区分批次或追溯性要求的物资

普通实物明细账和库存明细账的具体示例如表3-12和表3-13所示，供读者参考。

表3-12　普通实物明细账

存货名称：　　存货编号：　　计量单位：　　最高存量：　　最低存量：　　存放地点：

＿＿＿年		凭证		摘要	收入	发出	结存
月	日	种类	号码				

表 3-13 库存明细账

存货名称：　　　　存货编号：　　　　规格：　　　　计量单位：　　　　库区：

年		凭证		摘要	收入		发出		结存		其中（A）			其中（B）			其中（C）		
月	日	种类	号数		批号	数量	批号	数量	批号	数量	批号	数量	库存	批号	数量	库存	批号	数量	库存

为了保证实物明细账的准确性、可用性，仓库管理人员在填写账册时要做到实事求是，并掌握正确的记录方法进行激励，具体要求如图3-9所示。

登账凭证	仓库管理人员在登记实物明细账时，必须以正式合法的凭证为依据，如物资入库单和出库单、领料单
记录方法	仓库管理人员在记账时应依时间顺序连续、完整地填写各项记录，不能隔行、跳页，并对账页依次编号，在年末结存转入新账后，旧账页应该入档妥善保管
书写要求	仓库管理人员在记账时，应该使用蓝、黑色墨水笔，并注意书写内容的工整、清晰，数字最好只占空格的2/3空间，以便于改错
记账错误处理	当发现记账错误时，应在错处画一红线，表示注销，然后在其上方填上正确的文字或数字，并在更改处加盖更改者的印章，红线划过后的原来字迹必须仍可辨认

图3-9 实物明细账记账要求

三、设置保管卡

物资保管卡是货物的实物标签，是仓库管理人员管理物资的重要依据，其内容需包括但不限于图3-10所示的三项。

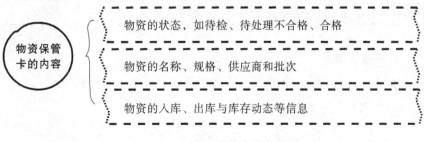

图3-10 物资保管卡的内容

仓库管理人员在使用物资保管卡时，需注意图3-11所示的问题，以确保保管卡充分发挥其作用。

保管卡的放置位置	◎ 仓库管理人员在放置保管卡时，需将其悬挂在明显位置，且确保其牢固，并便于随时填写，一般为悬挂在上架物资的下方或放在物资堆垛上
保管卡的内容更新	◎ 仓库管理人员要根据作业的内容，及时更新保管卡上的内容，具体要求如下所示 ⊕ 当新物资入库时，要为其设置专门的保管卡 ⊕ 当物资入库、出库、盘点后，要立即在保管卡上的相关位置填写具体信息 ⊕ 当某物资清库后，需收回保管卡，并放置于该物资的档案中

图 3-11　物资保管卡的使用要求

四、建立物资档案

建立物资档案是指将与入库作业过程有关的资料、证件分类保存，从而详细地了解物资入库前后的活动全貌的过程，其具体步骤如下所示。

（一）收集档案资料

物资档案反映了物资入库、保管及出库的所有变化。为了建立完善的物资档案，仓库管理人员需要收集的资料具体包括表3-14所示的三类。

表 3-14　物资档案资料

资料类别	资料说明
物资入库资料	◎ 出厂时的各种凭证和技术资料、技术证明、合格证、装箱单、发货明细表等 ◎ 运输过程中的各种单据，如运输单、货运记录 ◎ 验收入库的入库通知单、验收记录、磅码单、技术检验报告等
物资保管资料	◎ 入库保管期间的检查、保养、损益、变动等情况的记录，以及库内外温湿度及对物资影响情况的记录
物资出库资料	◎ 出库时的凭证，如领料单、出库单、调拨单

（二）建立并保管档案

在物资入库后，仓库管理人员应该建立物资档案，并根据物资的实际情况，及时进行档案记录的更新，具体要求如图3-12所示。

要求1	◎ 仓库管理人员应将物资档案统一编号，以方便查阅，并防止档案的丢失
要求2	◎ 仓库管理人员要根据档案资料特征确定档案资料的保管期限
要求3	◎ 仓库管理人员需做好物资档案资料的更新工作，具体要求如下所示 　⊕ 及时收集新的资料，并将其放置于物资档案中 　⊕ 当物资全部出库后，除必须随货同行而不能以复印件或抄送的形式发送的技术证件外，其余均应留在档案内，并将物资出库证件、动态记录等整理好一并归档

图 3-12　物资档案的保管要求

第四章

物资的储存与保管

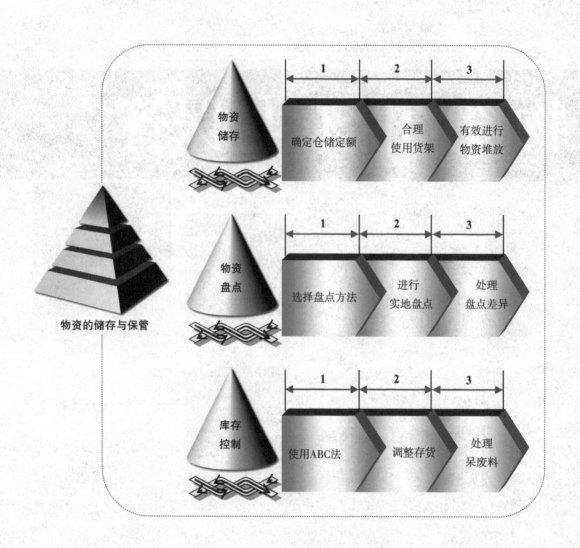

物资的储存与保管

物资储存

1	2	3
确定仓储定额	合理使用货架	有效进行物资堆放

物资盘点

1	2	3
选择盘点方法	进行实地盘点	处理盘点差异

库存控制

1	2	3
使用ABC法	调整存货	处理呆废料

第一节　储存物资应知应会的 3 个工作小项

一、确定仓储定额

仓储定额是指在仓储的经济条件、技术条件、仓库的自然条件和储存物资本身的性质特点一定的情况下，单位面积允许合理存放物资的最高数量。单位面积一般以平方米计算，允许存放物资的数量一般按吨计算。

（一）仓储定额计算

1. 测定仓库有效面积

仓库的有效面积是指在库房、货棚、货场内计划用来存放物资的面积之和，其测定过程如下所示。

（1）测量。仓库管理人员需对图 4-1 所示的内容进行测量，以确定仓库的有效面积。

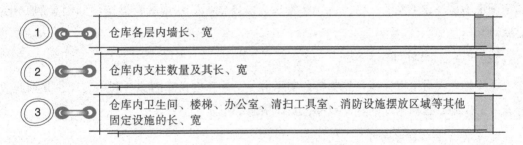

图 4-1　仓库有效面积测量的内容

（2）绘图。仓库管理人员需按照测量所得的数据，绘制仓库的平面图。

（3）计算。仓库管理人员需根据绘制的平面图及测量结果，计算仓库的有效面积，具体计算公式如下所示。

仓库有效面积 = 仓库使用面积 – 必须的通道、垛距、墙距及验收、备料的区域等面积

仓库使用面积 = 库房内墙所围面积 – 库房内柱所占面积及其他固定设施所占面积

2. 测定单位面积储存量

单位面积储存量是指单位有效面积里储存物资的数量，其受到物资的性能、包装、装卸机械、库房高度和地坪载重量及储位管理、调度安排、堆垛技术等条件的影响。仓库物资储存量一般以吨作为计量单位。根据仓库储存物资质量及体积的关系，可以将其储存量分为重量吨和体积吨两种，具体内容如下所示。

（1）重量吨的测定。重量吨又称重吨，是指物资毛重大于 1000 千克，而体积（包括外包装）小于或等于2立方米，以物资实际重量计算的吨。

若库房中存放以重量吨计算的物资，测定单位面积的存储量时主要考虑库房地面的安全载重量，其需根据库房的建筑结构、使用年限和折旧程度，核定出库房每平方米的载重量，并据此确定仓库单位面积的储存量。

（2）体积吨的测定。体积吨又称尺码吨、尺吨、泡吨，是指物资体积大于或等于2立方米，而毛重不足1000千克，以物资的体积2立方米折算为1吨。

若库房中存放以体积吨计算的轻泡物资，测定单位面积的储存量时只要核定库房高度的利用程度，并根据如下公式，计算出库房单位面积的储存量。

$$\text{库房单位面积储存量} = \frac{\text{库房实际利用高度}}{2}$$

3. 计算仓库仓储定额

仓库管理人员需根据测定的仓库有效使用面积及单位面积存储量，计算出仓库的仓储定额，其计算公式如下所示。

$$\text{仓储定额} = \text{仓库有效使用面积} \times \text{单位面积存储量}$$

需要指出的是，由于装卸工具、堆垛技术和管理水平不断改进和提高，同一仓库的存储定额也不是一成不变的，因此，仓库管理人员要根据这些影响存储定额的因素的变化，定期对其调整和修订。

（二）仓储定额应用

仓库管理人员可以根据存储物资的实际情况，计算出仓库的综合利用程度，并据此改进仓库的规划，提高仓库的存储效率，具体措施如下所示。

1. 仓储定额的综合考核

仓储定额的考核就是核算储存空间的综合利用程度，用以衡量物资储存安排是否得当，从而采取恰当措施，加速物资流转，提高仓容利用程度。仓库管理人员可从以下三个方面对仓库进行综合考核。

（1）考核容载利用系数。容载利用系数即物资容重与库房容载的比，其值在0～1之间，且值越接近1，高度和载重量的综合利用程度越高，其计算公式如下所示。

$$\text{容载利用系数} = \frac{\text{物资容重}}{\text{库房容载}}$$

其中，物资容重是指每一立方米体积的物资所具有的重量，即物资毛重与物资体积的比值，其计算公式为：

$$\text{物资容重} = \frac{\text{物资毛重}}{\text{物资体积}}$$

库房容载是指每一立方米的仓容可以容纳物资的重量，即仓库载重量与仓库高度的比值，其计算公式为：

$$库房容载 = \frac{仓库载重量}{仓库高度}$$

（2）考核流量。流量以每月入库量、出库量和库存量三项因素来计算，其值在 0 ~ 1 之间，且越接近 1 说明流通性越好，其计算公式如下所示。

$$流量 = \frac{入库量 + 出库量}{入库量 + 出库量 + 库存量}$$

（3）考核的其他指标，即指对作业空间的直接感觉，如对整齐度、杂乱度、宽窄度、明暗度进行调查考核。

2. 改进仓储规划

通过对仓储定额的计算及考核，仓库管理人员可以通过其结果从表 4-1 所示的三个方面提高仓库使用效能。

表 4-1 仓储规划改进措施

措施名称	措施说明
合理规划布局，扩大仓库有效面积	◎ 通过改进货垛垛形和排列方法，使货位布局紧凑，以扩大货垛实占面积 ◎ 将非储存空间设置在角落，即将楼梯、办公室、清扫工具室等设施尽量设置在保管区域的角落或边缘，以增加储存物资的保管空间 ◎ 减少通道面积以增加保管面积
向空间发展，做到重容结合	◎ 需根据物资的性能和包装，结合可供利用的库房高度和地坪载重量情况，采用合理的堆码方式或使用高层货架，以增加存储空间
调整储存条件，提高仓库使用效能	◎ 需按照物资分区管理、分类存放的原则，合理调整存放地点，以提高仓库的使用效能

二、合理使用货架

为了充分利用仓库的存储空间，提高仓库的利用效率，仓库管理人员需根据货物的存储需要选择适当的货架摆放物资。

（一）明确货架的种类

物资存储货架根据分类依据不同，可分为不同类型。企业中常见的货架分类依据如下所示。

1. 按货架的形状分类

根据货架存储物资的适用范围，存储货架可分为通用货架、长形货架及特种货架三类。

（1）通用货架。通用货架一般用金属材料或木材、硬质塑料制成，其使用范围较广、适用性较强，适用于多种形状、多种规格物资的储存。此类货架常见的有层架、格架、抽屉架、橱架等，其具体结构、特点及用途如表4-2所示。

表4-2　通用货架的分类

类型	结构	特点	用途
层架	由框架和层板构成的货架，分为数层，层间可存放物资	结构简单，实用性强，便于物资的收发作业	储存有包装、可以堆码的物资
格架	在层架的基础上，将某些层或所有层用隔板分成若干格	每个货格上只能存放一种物资，不易混淆	储存品种多、规格复杂的无包装、不能堆码的物资
抽屉架	与层架也相似，但每一层中有若干个抽屉，用于封闭储存物资	具有防尘、防湿、避光、防冻的作用，储存物资不宜混淆、丢落	储存小件贵重物资、药材、刀具等
橱架	将货件分成若干封闭橱格，各格前面装有可开闭的橱门	属于封闭式存储，特点与抽屉架基本相同	用于储存贵重物资、精密仪器等

（2）长形货架。长形货架适用于存放长形物资，如金属管材、长木材、型材，一般包括U形架、悬臂架、栅架等，其各自的结构、特点及用途如表4-3所示。

表4-3　长形货架分类

类型	结构	特点	用途
U形架	外形呈U形，组合叠放时呈H形，成双使用	结构简单、实用，且机械强度大、叠码堆放时仓容利用效率高，价格低，能实现机械化装卸作业	储存长条形的大型管材、型材、棒材等
悬臂架	外形似塔式悬臂，并且由纵梁相连而成，分单面和双面两种	属于边开式的货架，不便于吊装等机械化操作，因而存取作业强度较大	储存长条形的轻质材料、长条形金属材料等
栅架	外形似栅栏，分固定式和活动式两种	存取容易，可实现机械化、自动化作业	储存长条形的笨重物资

（3）特种货架。特种货架是为适应某些物资的特殊形状及性能而设计的货架，包括模具架、油桶架、流利货架、网架、登高车、网隔间六大类。

2. 按照货架的规模分类

按照货架的规模，物资存储货架可分为重型托盘货架、中型货架、轻型货架及阁楼式货架四种，其特点如表4-4所示。

表4-4　物资存储货架类别——按规模分类

类别	特点
重型托盘货架	◎ 优质的材料与先进的工艺制成，承重力大，不易变形，方便组装与拆卸，且能够防腐防锈 ◎ 适用于大型仓库 ◎ 主要用于放置用托盘集装化的物资
中型货架	◎ 造型别致、结构合理、装拆方便、坚固结实、承载力大 ◎ 应用于商场、超市、企业仓库及事业单位
轻型货架	◎ 主要是采用冲孔货架结构，通用性强 ◎ 适用于组装轻型料架、工作台、工具车、悬挂系统、安全护网及支撑骨架
阁楼式货架	◎ 采用全组合式结构，可采用木版、花纹板、钢板等材料做楼板，并根据实际需要灵活设计成二层及多层 ◎ 适用于五金工具、电子器材、机械零配件等物品的小包装散件储存

3. 按适用性及外形特点分类

根据货架的外形，物资存储货架可分为如下五类。

（1）高层货架。高层货架是自动化仓库和高层货架仓库的主要组成部分。高层货架的立柱、横梁的刚度和强度及货架的制造和安装精度都很高，能够适应自动化仓库载重量及运转精度的需要。

（2）通廊式货架。通廊式货架主要用于储存大量同类的托盘货物。在通廊式货架中，托盘一个接一个按深度方向存放在支撑导轨上，增大了储存密度，提高了空间利用率。这种货架通常运用于储存空间昂贵的仓库，如冷冻仓库。

（3）横梁式货架。横梁式货架安全方便，适合各种仓库直接存取货物。如果配合叉车装卸，更可以极大地提高作业效率。

（4）重力式货架。在重力式货架每层的通道上，都安装有一定坡度的、带有轨道的导轨，入库的货物在重力的作用下，会自动由入库端流向出库端。重力式货架的空间利用率高，节省搬运机械，且可以使货物出库操作遵循先进先出的原则。

（5）悬臂式货架。悬臂式货架适合存放长料货物和不规则货物。它前伸的悬臂具有结构轻巧、载重能力好的特点，存放不规则或是长度较为特殊的物料时，能大幅提高仓库的利用率和工作的效率。

（二）选择货架

在明确货架类别后，仓库管理人员还要综合考虑货架、物资及仓库作业的特点，合理选择货架类型，具体的选择依据如图4-2所示。

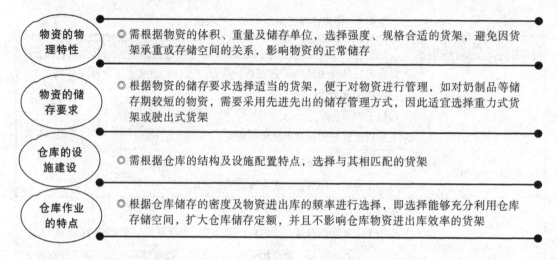

物资的物理特性	◎ 需根据物资的体积、重量及储存单位，选择强度、规格合适的货架，避免因货架承重或存储空间的关系，影响物资的正常储存
物资的储存要求	◎ 根据物资的储存要求选择适当的货架，便于对物资进行管理，如对奶制品等储存期较短的物资，需要采用先进先出的储存管理方式，因此适宜选择重力式货架或驶出式货架
仓库的设施建设	◎ 需根据仓库的结构及设施配置特点，选择与其相匹配的货架
仓库作业的特点	◎ 根据仓库储存的密度及物资进出库的频率进行选择，即选择能够充分利用仓库存储空间，扩大仓库储存定额，并且不影响仓库物资进出库效率的货架

图4-2　货架选择的依据

三、有效进行物资堆放

仓库管理人员在物资堆放过程中需完成如下两项工作，以确保物资堆放储存的合理、有效。

（一）物资堆码

物资堆码是指根据物资的包装、外形、保管要求，结合仓库设备条件、储存时间长短，将物资按一定规律堆成各种形状货垛的方法。物资堆码的步骤如图4-3所示。

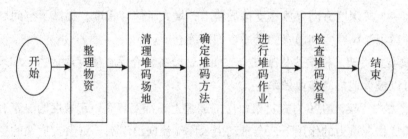

开始 → 整理物资 → 清理堆码场地 → 确定堆码方法 → 进行堆码作业 → 检查堆码效果 → 结束

图4-3　物资堆码的步骤

1. 整理物资

在对物资进行堆码时，仓库管理人员应先对物资进行整理，确保物资达到以下要求。

（1）物资的数量、质量已彻底查清无误。

（2）物资包装完好，标识清楚。

（3）外表的沾污、尘土、雨雪等已清除，不影响物资质量。

（4）受潮、锈蚀以及已发生某些质变或质量不合格的物资，已经加工恢复或者已剔除另行处理。

（5）金属材料等该打捆的已经打捆，机电产品和仪器仪表等可集中装箱的已装入适用的包装箱。

2. 清理堆码场地

仓库管理人员需要对堆码场地进行清理，以保证物资的安全，便于物资的保存及保养。堆码场地的清理要求如图4-4所示。

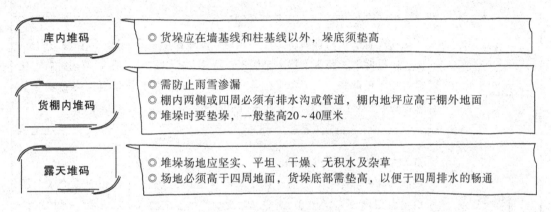

库内堆码	◎ 货垛应在墙基线和柱基线以外，垛底须垫高
货棚内堆码	◎ 需防止雨雪渗漏 ◎ 棚内两侧或四周必须有排水沟或管道，棚内地坪应高于棚外地面 ◎ 堆垛时要垫垛，一般垫高20～40厘米
露天堆码	◎ 堆垛场地应坚实、平坦、干燥、无积水及杂草 ◎ 场地必须高于四周地面，货垛底部需垫高，以便于四周排水的畅通

图4-4 堆码场地的清理要求

3. 确定堆码方法

（1）确定堆码形状

仓库管理人员需根据物资的特点及堆码现场的条件，确定堆码形状。常见的物资堆码形状有重叠式、纵横交错式、仰伏相间式、压缝式、通风式、栽柱式、衬垫式、宝塔式等，其具体内容如表4-5所示。

表4-5 垛形的分类及特点

垛形	摆放方式	特点	适用物资
重叠式	货垛各层物资的排列方法和数量一致	空间利用率高，配备托盘可采用机械化操作，是仓库中最常用的物资堆码的垛形	体积较大、包装质地坚硬的物资，如中厚钢板、集装箱及其他箱装货物

（续表）

垛形	摆放方式	特点	适用物资
纵横交错式	将长短一致、宽度排列能与长度相等的物资，一层横放，一层竖放，纵横交错堆码，形成方形垛	垛形稳固，也是仓库码垛的主要垛形之一	适合长短一致的长条形货物，如小型方钢、钢锭、长短一致的管材、棒材、狭长的箱装材料
仰伏相间式	仰伏互相交错堆码，并保持一头高一头低，以便于雨水排放	货垛牢固，减少雨水腐蚀	适合钢轨、槽钢、角钢等货物在露天货场堆码
压缝式	每层物资有规则的排列组成，使每件物资跨压下层两件以上的物资，上下层每件物资形成十字交叉	层层压缝，货垛稳固，不易倒塌；储存大宗物资时便于分批出库，逐一腾出小垛占用的仓容	长方形包装的物资，适合阀门、缸、建筑卫生陶瓷和桶装货物堆码
通风式	摆放方法基本上与压缝式相同，但在每件物资的前后左右留出一定的空隙，常见的垛形有"井"字形、"非"字形、"示"字形等	物资间留有通风的空隙，容易散发物资的温度和水分，便于物资通风散潮	适用于易霉变、需通风散潮的货物，如木材制品
栽柱式	在货垛的两旁各栽两三根木柱或钢棒，然后将中空钢、钢管等长大五金材料平铺在柱子中，在货物两侧相对立的柱子中用铅丝拉紧，以防倒塌	便于柱形物资堆码，防止货垛倒塌，多用于货场	适用于货场堆放长大五金物资、金属材料中长条形材料，如圆钢、中空钢、钢管
衬垫式	在每层或每隔两层物资之间夹进衬垫物的方式，使货垛的横断面平整，货垛牢固	通过衬垫物与物资互相牵制，加强了货垛的稳固性	适合无包装、不规则且较重货物的物资，如电动机、阀门

（续表）

垛形	摆放方式	特点	适用物资
宝塔式	把一层物资的一半压在另一层物资上，如此顺序排列，上一层的物资又向相反的方向用同样方法顺序排列，依次堆高	既可以使货垛稳固，又能够节约仓容	适用于圆形成圈（或环形）的物资，如铅丝、盘条、电线

仓管员在选择物资堆码形状时，要根据物资实际的物理及化学特点，灵活应用上面八种码放方法。对于某些形状特殊的物资，还可以根据物资的特点设计出新的堆码形状。

（2）使用"五五化"法

为了计算方便，对物资进行堆垛时，通常采用"五五化"法，即以"五"为基本计算单位，码成各种总数为"五"的倍数的货垛，大的物资码成五五成行、矮的码成五五成堆、带眼的码成五五成串。如图4-5所示。

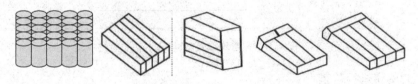

图4-5 "五五化"堆垛法

采用这样的堆码方式，仓管员在检查库存时可以过目成数，清点方便，不易出差错，从而提高收货与发货的速度，提高了仓管员的工作效率。

"五五化"法适用于按件计算物资，在进行物资堆码时应该根据物资的物理特点及仓库条件，将各种不同的货物采用不同的"五五化"垛形。切忌不要为了追求形式上的"五五化"，而多占货位或多费劳动力。

4. 进行堆码作业

确定好堆垛方法后，仓库管理人员应该通知装卸人员开始对物资进行堆码，其堆码作业要求如下。

（1）每个货垛的面积不应大于150平方米，并保证库房内留出2米宽的主通道。

（2）货垛上部与楼板、平屋顶之间应留出不少于0.3米的顶距，货垛与照明灯之间应留出不少于0.5米的灯距。

（3）货垛与内、外墙之间应分别留出不少于0.3米和0.5米的墙距，货垛与柱之间应留出不少于0.1米的柱距，货垛与货垛之间应留出0.1米的垛距。

（4）进行堆垛操作时，操作人员要注意保护物资，避免因不当搬运造成对物资的损坏。

5. 检查堆码效果

对堆码后的物资，仓库管理人员要对其进行检查，确保堆垛达到图4-6所示的要求。

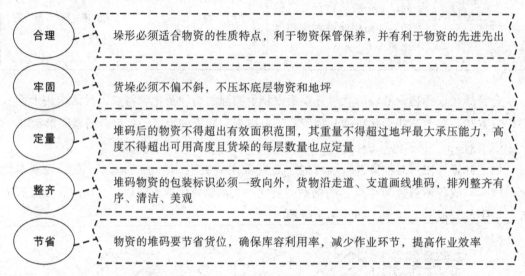

图4-6 物资堆码效果检查的要求

（二）对物资进行苫垫

仓库管理人员需根据物资的特点及存储条件，对物资进行必要的苫垫，以减轻物资受雨、露、潮气的侵蚀和受日光暴晒的危害，具体工作事项如下所示。

1. 垫垛

垫垛是物资在堆垛前，按垛形的大小和负重先行垫放垫垛物，从而达到使垛底通风，并避免地面潮气自垛底侵入的目的。

在进行垫垛时，仓库管理人员应该充分考虑地面的潮湿程度及物资抗潮湿的能力，具体要求如图4-7所示。

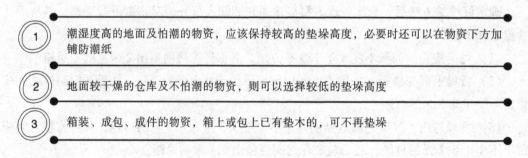

图4-7 物资垫垛的要求

仓库管理人员需根据物资的垫垛要求，选择合适的垫垛方法。企业常见的垫垛方法如表4-6所示。

表4-6 仓库常见垫垛方法

垫垛位置	垫垛材料	垫垛高度
露天货场	水泥墩、石墩或固定式垛基	30～50厘米
货棚或底层库房	水泥条、枕木	20～30厘米
库房	水泥条、枕木、仓板或托盘	20厘米左右

仓库管理人员在进行垫垛作业时，需注意图4-8所示的事项，以确保垫垛的稳定、合理。

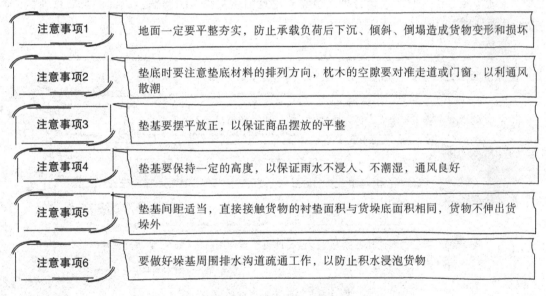

注意事项1	地面一定要平整夯实，防止承载负荷后下沉、倾斜、倒塌造成货物变形和损坏
注意事项2	垫底时要注意垫底材料的排列方向，枕木的空隙要对准走道或门窗，以利通风散潮
注意事项3	垫基要摆平放正，以保证商品摆放的平整
注意事项4	垫基要保持一定的高度，以保证雨水不浸入、不潮湿，通风良好
注意事项5	垫基间距适当，直接接触货物的衬垫面积与货垛底面积相同，货物不伸出货垛外
注意事项6	要做好垛基周围排水沟道疏通工作，以防止积水浸泡货物

图4-8 垫垛注意事项

2. 苫盖

露天货场存放的物资，除了垫垛外，还应该选择适宜的苫盖物对其进行苫盖，以防止物资直接受雨、露、雪、风沙及阳光的侵蚀。

仓库管理人员需根据物资的特点和苫盖的需要，选择实用、无害、低廉、耐用的苫盖材料。企业中常用的苫盖材料一般有铁皮、席子、油毡纸、塑料布、苫布等。

确定苫盖材料后，仓库管理人员要根据物资的性质及自然条件，选择适当的苫盖方法。企业中常见的苫盖方法主要有四种，其操作说明及特点如表4-7所示。

表4-7　苫盖方法操作说明

苫盖方法	操作说明	特点
就垛苫盖法	将苫盖物直接覆盖在货垛上	能够起到全面的防护作用
鱼鳞式苫盖法	将苫盖物自货垛底部逐层向上围盖，从外形看呈鱼鳞状	操作复杂，但能够起到全面的防护作用
隔离苫盖法	将苫盖物覆盖在预先制作的三角架上，或用席片、竹片使苫盖物与货物保持一定空隙	主要用于防雨、防日光，但防湿性、防风沙性差
活动棚苫盖法	利用废次钢材或木材制成棚架，在棚架上面及四周铺围玻璃瓦或铁皮等物，并在棚柱底部装上轮子，使货棚可沿固定轨道移动	主要用于防雨，但防湿、防风沙性差

在进行苫盖作业时，仓库管理人员需要注意图4-9所示的问题，以确保苫盖作业的合理性与有效性，从而确保物资存储安全。

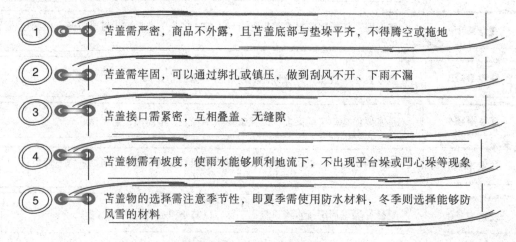

1 苫盖需严密，商品不外露，且苫盖底部与垫垛平齐，不得腾空或拖地

2 苫盖需牢固，可以通过绑扎或镇压，做到刮风不开、下雨不漏

3 苫盖接口需紧密，互相叠盖、无缝隙

4 苫盖物需有坡度，使雨水能够顺利地流下，不出现平台垛或凹心垛等现象

5 苫盖物的选择需注意季节性，即夏季需使用防水材料，冬季则选择能够防风雪的材料

图4-9　物资苫盖作业的要求

第二节　盘点工作中应知应会的 3 个工作小项

一、选择盘点方法

企业需根据仓库管理及生产的需要制订盘点计划，对库存物资进行盘点。在制订盘点计划时，仓库管理人员需对循环盘点、定期盘点、临时盘点进行规划，具体内容如表4-8所示。

表4-8 盘点规划的内容

名称	说明	常用方法
循环盘点	◎ 不论物资是否发生过进出业务，需按照其入库的先后顺序每天、每月按顺序分部分进行盘点，并需到月末或期末每项物资至少完成一次盘点 ◎ 仓库管理人员在日常工作中进行盘点，其实施过程中不必停止仓库作业	盘点单盘点法、盘点签盘点法和料架签盘点法
定期盘点	◎ 又称全面盘点，仓库主管领导会同其他仓库管理人员按月、季、年度，对库存物资进行一次全面的清查盘点 ◎ 能够对库存物资进行全面的盘点，盘点的准确性高，但是盘点时必须停止仓库作业，并且需要大量的人员从事盘点工作	分区轮盘法、分批分堆盘点法和最低存量盘点法
临时盘点	◎ 又称突击性盘点，根据需要在出现以下情况时进行临时突击盘点 ⊕ 日常盘点没有及时跟上 ⊕ 仓库管理人员办理交接 ⊕ 发生意外事故 ⊕ 在台风、梅雨、严寒等季节	根据具体需要灵活采用上述几种盘点方法

盘点计划确定后，仓库管理人员需根据计划的需要选择合适的盘点方法。企业中常用的盘点方法主要有盘点单盘点法、盘点签盘点法、料架签盘点法、分区轮盘法、分批分堆盘点法和最低存量盘点法六种，具体如下所示。

1. 盘点单盘点法

盘点单盘点法是以物资盘点单总记录盘点的方法，这种方法在整理列表上十分方便，但在盘点过程中容易出现漏盘、重盘、错盘的情况。

2. 盘点签盘点法

盘点签盘点法是在盘点中采用一种特别设计的盘点签，盘点后贴在实物上，经复核者复核后撕下。这种方法对于物资的盘点与复盘核对既方便又正确，对于紧急用料仍可照发，临时进料也可以照收，核账与做报表均非常方便。

3. 料架签盘点法

料架签盘点法是以原有的料架签（保管卡）作为盘点的工具进行盘点。盘点计数人员盘点完毕后，即将盘点数量填入料架签上，待复核人员复核后，如无错误即揭下原有料架签而换上不同颜色的料架签，随后清查部分料架签尚未换下的原因，再依料账顺序排列，进行核账并编制报表。

4. 分区轮盘法

分区轮盘法是指盘点人员将仓库分为若干区，依序清点物资存量，并在一定日期后重复盘点。

5. 分批分堆盘点法

分批分堆盘点法是将某批收料记录签放置于透明塑胶袋内，拴在收料的包装件上，即发料时，仓库管理人员需在记录签上记录并将领料单副本存于该透明塑胶袋内，并在盘点时对实际动用的存量进行盘点。

6. 最低存量盘点法

最低存量盘点法是当库存物资达到最低存量或订购点时，即对该物资进行盘点，盘点后开出对账单，以便查核误差的存在。这种盘点方法对于经常收发的物资相当有用，但不适用于呆料。

二、进行实地盘点

在进行实地盘点的过程中，一般由仓库管理人员进行初盘，财务及审计部门则主要负责复盘、抽查以及监督等工作。

（一）做好盘点准备

仓库管理人员需在盘点工作实施前，做好以下三项准备工作，以确保盘点工作的高效、准确。

1. 清理仓库

在进行实地盘点之前，仓库管理人员要对仓库中放置物资的场地进行清洁整理，具体要求如图 4-10 所示。

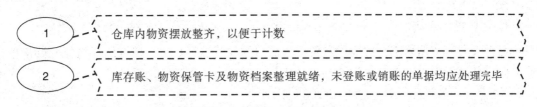

图 4-10　仓库清理要求

2. 明确盘点对象

仓库管理人员要对仓库中的物资进行明确的划分，确定物资盘点对象，且需对图 4-11 所示的物资进行及时处理。

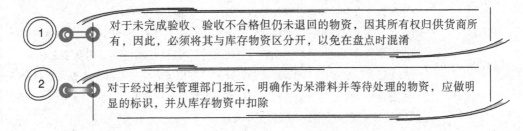

图 4-11　非盘点对象物资的处理要求

3. 准备盘点工具

仓库管理人员需根据盘点需要，准备如下所示的盘点工具。

（1）盘点时使用的计量用具。

（2）盘点单、盘点盈亏汇总表等表格。

（二）展开现场盘点

现场盘点工作主要包括盘点分工、清点物资数量、填写盘点单、复盘四项，具体内容如下所示。

1. 盘点分工

盘点人员需根据盘点需要进行合理的盘点分工，其具体工作事项如图 4-12 所示。

划分区域	需根据盘点需要将仓库分成几个区域，并确保各区之间不重合、不留有空白
人员分配	划分完区域后，盘点人员分成若干小组，负责各个区域的盘点。在分组时，应该注意将专业人员与非专业人员搭配组合，以提高盘点效率

图 4-12　盘点分工工作事项

2. 清点物资数量

盘点人员需依据分工，按顺序对负责区域内的物资进行点数。根据库存物资的计量单位不同，盘点人员应该采用不同的计数方法，具体如表4-9所示。

表4-9　物资数量清点方法

物资类别	计数方法
计件物资	◎ 以件（箱、捆、包）为单位的物资先清点件数，再换算成计账单位数与账、卡核对 ◎ 需特别注意包装容量不同的物资，要分别清点，以免造成盘点错误
计重物资	◎ 对于有标准重量的物资，只要件数相符，即可做账货相符处理 ◎ 对于无标准重量的物资或散件物资，原垛未动的可复核原磅码单，磅码单无误即可做账货相符处理；原垛已动且存量较大的，可进行理论换算，具体要求如下 　⊕ 如无较大短缺迹象，暂做账货相符处理，待出清后按实结算，零头尾数有疑问者应过磅计量，如不超过规定损耗率，做账货相符处理 　⊕ 如超过规定损耗率，做账货不符处理
计尺物资	◎ 包装容量一致的计尺物资，以件为单位计数 ◎ 包装容量不一致的计尺物资，必须逐件核对磅码单

3. 填写盘点单

仓库管理人员应该根据清点后得出的物资数量填写盘点单，具体要求如图4-13所示。

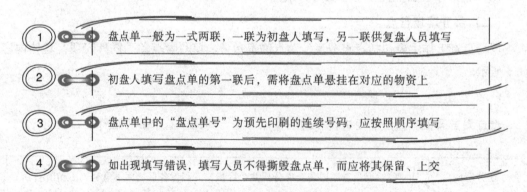

1　盘点单一般为一式两联，一联为初盘人填写，另一联供复盘人员填写

2　初盘人填写盘点单的第一联后，需将盘点单悬挂在对应的物资上

3　盘点单中的"盘点单号"为预先印刷的连续号码，应按照顺序填写

4　如出现填写错误，填写人员不得撕毁盘点单，而应将其保留、上交

图4-13　盘点单填写要求

表4-10为企业物资盘点单的示例，供读者参考。

表4-10　物资盘点单

第一联				
物资名称		填写日期		
物资编号		存放货位号		
单位		数量		
填写人		盘点单号		
第二联				
物资名称		填写日期		
物资编号		存放货位号		
单位		数量		
核对人		填写人	盘点单号	

4. 复盘

在初盘人员清点完物资并填写了盘点单后，复盘人员要对清点结果进行检查，并据实填写盘点单的第二联。

如果复盘数量与初盘不一致，应该由初盘人员与复盘人员对其进行再次清点，以确定其最终数量。

（三）分析结果

盘点工作完成后，企业需对盘点结果进行分析，具体工作事项如下所示。

1. 统计盘点结果

企业应将盘点单按编号及发出数收回，根据每张盘点单上的最终物资数量统计出物资的总量，并在盘点单收回后妥善保存，以备与账、卡核对。

2. 核对盘点盈亏

企业需将盘点结果与库存账目进行核对，若发现实存数大于账面结存数量或有物无账的情况，则判定物资的盘盈；若发现实存数小于账面结存数量或有账无物的现象，则判定物资盘亏。

三、处理盘点差异

如果发生盘点所得实际数量与库存账面数量不符，仓库管理人员要分析其产生的原因，将盘点结果上报管理部门，并根据管理部门的批示调整账面数量，具体要求如下所示。

（一）分析差异原因

出现盘点差异时，仓库管理人员需按照图4-14所示的顺序追查差异产生的原因。

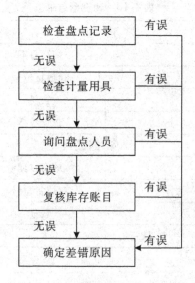

图4-14　分析盘点差异原因的步骤

1. 检查盘点记录

当盘点发现差异时，仓库管理人员应该首先核对盘点时的单据，以确定盘点差异是否是由于盘点工作中的计数差错或记录差错造成的。

2. 检查计量用具

盘点记录确定无误后，仓库管理人员需对盘点时采用的量具、衡具加以检查，以确定是否是由于计量用具欠准确而形成盘点差异。

3. 询问盘点人员

计量工具检查无误后，仓库管理人员需询问盘点人员，确定其是否有不遵循盘点工作的步骤，或有漏点、复点等情况的发生。

4. 复核库存账目

以上三步均确定无误后，仓库管理人员需复核库存账目及记账凭证，以检查记账过程中是否有无凭据记录、重复记录、记录差错等情况。

5. 确定差错原因

如果经过上述步骤，发现均不是产生差异的原因时，则可以判断可能是由于盗窃、丢失、贪污等原因产生的库存差错，仓库管理人员在日后的管理工作中应该加强防范。

（二）上报盘点结果

仓库管理人员需根据原因分析结果，制定差异处理对策，并填写一份盘点盈亏汇总表（如表4-11所示），并向上级主管部门就盘点差异的处理方法进行请示。

表 4-11　盘点盈亏汇总表

____年__月__日

品名	类别	规格	单位	单价	账面数量	盘点数量	盘盈		盘亏		差异原因	
							数量	金额	数量	金额	说明	对策

会计主管：　　　　　　　　　　　　　　　　　　　　　　　　制表人：

（三）调整账面存量

仓库管理人员需按照上级主管的批示意见，办理库存账目、保管卡的更改手续，调整账面存量，保证账、物、卡重新相符，具体工作如下所示。

1. 调整库存账目

调整库存账时，仓库管理人员应根据盘点结果，在库存账页中将盘亏数量做发出处理，将盘盈数量做收入处理，并在摘要中注明盘盈（亏），具体示例如表 4-12 所示。

表 4-12　库存账目调整示例

2014 年		凭证		摘要	收入	发出	结存
月	日	种类	号码				
……	……	……	……	……	……	……	……
12	30	领料单	05123005			5000	146 000
1	1	盘点单	06010	盘亏		5000	141 000
……	……	……	……	……	……	……	……

2. 调整保管卡

仓库管理人员调整保管卡时，应在收发记录中填写数量的变更，具体调整示例如表 4-13 所示。

表 4-13　保管卡调整示例

……							
收发记录							
日期	单据号码	发料量	存量	收料量	退回	订货记录	备注
……	……	……	……	……	……	……	……
12 月 30 日	05123005	5000	146 000				
1 月 1 日	060101	5000	141 000				盘亏
……	……	……	……	……	……	……	……

第三节 控制库存应知应会的 **3** 个工作小项

一、使用 ABC 法

ABC 法就是将库存物资按品种和占用资金的多少划分为三个等级，针对不同等级的物资进行分别管理和控制，此三类物资的特点具体如表 4-14 所示。

表 4-14 ABC 类物资的特点

物资类别	物资特点
A 类物资	◎ 特别重要，即品种少但占用资金多
B 类物资	◎ 一般重要，即品种较多但占用资金一般
C 类物资	◎ 不重要，即物资品种多但占用资金少

仓库管理人员在使用 ABC 法对物资进行分类时，需遵照图 4-15 所示的步骤。

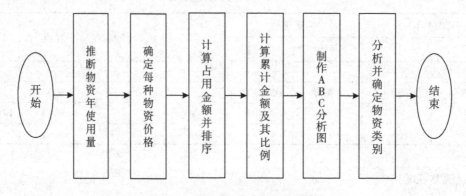

图 4-15 ABC 法物资分类的步骤

1. 推断物资年使用量

仓库管理人员需根据企业的生产计划、往年入库与出库数量来推断物资的年使用量。

2. 确定每种物资价格

仓库管理人员需选用统一的计量方法，对全部物资都以进货价格或以出货价格计算，并确定物资价格。

3. 计算占用金额并排序

仓库管理人员可利用物资单价乘以物资年使用量计算出每种物资的年占用金额，并按年占用金额的大小顺序排列全部品种的物资。

4. 计算累计金额及其比例

仓库管理人员需按照物资占用金额的大小，将其编号、使用量、单件、占用金额填入物资 ABC 分类表（如表 4-15 所示），并进一步计算出库存累计占用的总金额及各种物资占用库存金额的比例。

表 4-15　物资 ABC 分类表

序号	累计品种数	物资编号	使用量	单价	金额	占用净额比例	累计占用比例

5. 制作 ABC 分析图

仓库管理人员需根据分析表中的相关数据，以累计品种百分数为横坐标，累计占用资金百分数为纵坐标，绘制 ABC 分析图，具体示例如图 4-16 所示。

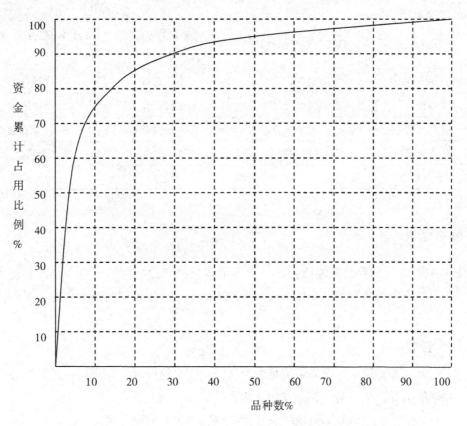

图 4-16　ABC 分析图

6. 分析并确定物资类别

仓库管理人员需根据制成的 ABC 分析图，划分 ABC 类物资。一般来说，A 类物资品种只占存货总数的 15%，但它们的库存金额却占总数的 70% ~ 80%；B 类物资品种占存货总数的 30%，其价值占总金额的 15% ~ 25%；C 类物资品种占存货总数的 55%，但其价值只占总金额的 5%。

因此，在表 4-15 的示例中，序号排在前 15% 左右的物资，其金额百分比为 80%，应将它们划分为 A 类物资；序号排在 15% ~ 50% 的物资，占总金额的 15%，应将它们划分为 B 类物资；而序号排在最后 50% 的物资，只占总金额的 5%，应该将它们划分为 C 类物资。

在确定物资类别后，仓库管理人员根据其特点进行分类控制，具体管理方法如表 4-16 所示。

表 4-16　ABC 类物资库存控制要点

物资类别 项目	A 类	B 类	C 类
管理方式	将库存量压缩到最低	按消耗数量时松时紧控制库存	以比较高的库存来节省订货费用
订货方式	定期订货	定量订货	双堆法
库存计划	详细计划	统计计算	随时进货
盘查方式	经常盘查	一般盘查	按年/季度盘查
库存记录	详细记录库存数量、金额	主要记录数量	按金额总计
安全库存量	低	较大	允许较高

二、调整存货

使用 ABC 法对库存物资进行分类，了解了各类物资的控制要点后，仓库管理人员还要进一步了解仓库管理存货的具体方法，并对不同物资采用不同的管理方法，具体内容如下所示。

（一）控制存量

为了保证在某特定期间内能够满足生产所需，库存物资就必须保持一定的数量，这就是库存物资的最低存量。其计算公式如下所示。

$$实际最低存量 = 备购时间 \times 每日耗用量 + 安全存量$$

其中，备购时间指从开始请购物资到物资收妥备发所经过的时间，由处理订购时间、供货商制备时间、运交时间、检验收料时间四部分组成。

每日耗用量则根据企业的生产计划及生产能力确定。

安全存量是为应对备购时间及物资耗用速度的变异，为使生产线不发生停工带料现象而事先准备的库存，其需根据购备时间及每日耗用量的稳定性确定。

（二）及时订货

在有效控制物资存量的同时，仓库管理人员需协助采购部门根据实际情况采用合适订货的方法及时订货，以确保货物订购的及时、合理。企业中常用的订货方法有定量订货法、定期订货法及双堆订货法，其具体内容如下所示。

1. 定量订货法

定量订货法是指当存货数量达到下限时，仓库管理人员便向采购部门发出请购申请，以便补充物资存量。

在企业实行定量订货法时，仓库管理人员要随时关注物资库存，以便当实际库存量达到最低存量时能够及时通知采购部门购进物资，其具体工作内容如图4-17所示。

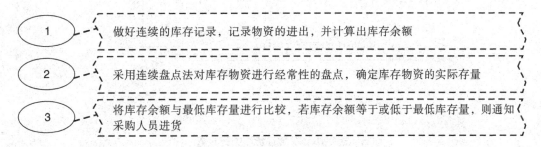

① 做好连续的库存记录，记录物资的进出，并计算出库存余额

② 采用连续盘点法对库存物资进行经常性的盘点，确定库存物资的实际存量

③ 将库存余额与最低库存量进行比较，若库存余额等于或低于最低库存量，则通知采购人员进货

图4-17　仓库管理人员定量订货工作的内容

2. 定期订货法

定期订货法是要求企业按固定的订货间隔期订货。在定期订货控制法中，每次订货数量发生变化而订货间隔期不变。

企业使用定期订货法时，仓库管理人员的主要职责是在订货时正确地统计出物资的实际库存量，并以此为依据制定该次订货数量。同时仓库管理人员需在订购日来临前，对库存物资进行实地盘点，确定所有物资的数量，并将其汇报给采购部门。

3. 双堆订货法

企业使用双堆订货法时，无须每日记录库存，只需按照图4-18所示的步骤对库存进行管理就可以了。

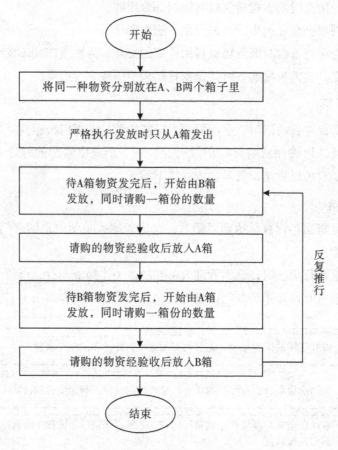

图 4-18　双堆订货法施行步骤

企业使用双堆订货法控制存货无须盘点、简便易行且库存量形象化，但是需占用较多的仓库面积，以此，其最适合于廉价的、用途相当单一的和前置时间短的物资存货控制。

三、处理呆废料

（一）处理呆料

呆料又称呆滞料，是指那些存量过多，耗用量极少，而库存周转率极低的物料，这种物料可能偶尔耗用少许，甚至根本不再有动用的可能。

呆料的界定通常根据其最后异动日（该物料最近的一次物料进出日期）判断。当其最后异动日至盘查日期的间隔超过 180 天时，仓库管理人员可以通过填写 "6 个月无异动滞料明细表"（如表 4-17 所示），报请仓库主管批准后，可以将其界定为呆料。

表 4-17　6 个月无异动滞料明细表

物资编号	单位	名称规格	入库日期	最近 6 个月无异动			发生原因		拟处理方式		
				数量	单位	金额	原因	说明	办法	数量	期限

主管批准：　　　　　　　　　　　　　　　　　　　　　　　　　经办人：

　　确定呆滞物料后，仓库管理人员需要了解其产生的原因，并采取恰当的方法有效地减少呆料的生成，具体内容如表 4-18 所示。

表 4-18　呆料产生原因及预防方法

责任部门	产生原因	预防方法
销售部门	◎ 市场预测欠佳，造成销售计划不准确，进而导致生产计划也随之变更 ◎ 客户订货不确定，订单频繁变更 ◎ 客户变更产品型号规格，销售部门传递失真订货信息	◎ 加强销售计划的稳定性，对销售计划的变更要加以详细的规划 ◎ 加强订单管理，不要让客户随意取消订单 ◎ 及时反馈客户需求变更
计划与生产部门	◎ 产销衔接不良，引起生产计划频繁变更，生产计划错误，造成备料错误 ◎ 生产线的管理活动不良，对生产线物料的发放或领取以及退料管理不良，从而造成生产线呆料的发生	◎ 加强产销的协调，增加生产计划的稳定性，并妥善处理紧急订单 ◎ 加强生产线发料、退料的管理 ◎ 合理安排新旧产品更替，防止旧料变成呆料
物料与仓库部门	◎ 材料计划不当，造成呆料的发生 ◎ 库存管理不良，账物不符，存量控制不当，呆料也容易产生 ◎ 因仓储设备不理想或人为疏忽而发生灾害损及物料	◎ 加强材料计划，防止计划不当形成呆料 ◎ 加强库存管理，及时掌握仓库库存变动，并反馈生产及采购部门 ◎ 注重仓库安全，选择恰当仓储设备
采购部门	◎ 物料管理部门请购不当，从而造成采购不当 ◎ 对供应商辅导不足，产生供应商品质、交期、数量、规格等不易予以配合而导致发生呆料	◎ 加强采购管理，选择适当的采购方法及时机 ◎ 经常与供应商沟通，并对其进行辅导，提高购进物料的质量

（续表）

责任部门	产生原因	预防方法
品质管理部门	◎ 进料检验疏忽 ◎ 采取抽样检验，已收的合格品当中仍留有不良品 ◎ 检验仪器不够精良	◎ 建立完善的进料检验制度，并要求检验人员严格执行 ◎ 采用更加有效的抽样方法 ◎ 加强检验仪器的精良化

仓库管理人员在制定呆滞物料的预防措施后，需对已产生的呆滞物料进行处理，具体的处理措施如图4-19所示。

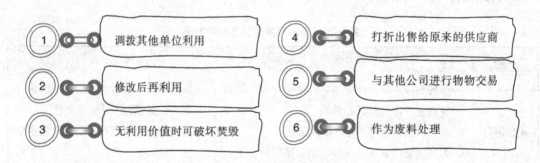

图4-19 呆滞物料处理措施

（二）处理废料

废料是指报废的物料，通常指经过使用或由于保管不当，造成物料本身因残破不堪、磨损过度或已超过寿命年限，失去原有功能而本身并无利用价值的物料，其来源如下。

（1）损坏料，即保管不当，导致物料因长霉、腐蚀、生锈等原因失去使用价值。

（2）边角料，即在使用过程当中所产生的物料零头，且已经丧失了其主要功能。

（3）旧料，即物料经过使用或储存过久，已失去原有性能或色泽而无法使用。

针对上述废料的来源，仓库管理人员可制定下列预防措施，以有效预防废料的产生。

（1）加强对仓库中物资的养护工作，防止物料虫蛀、霉腐、锈蚀等现象的发生。

（2）提高对物料的使用效率，减少边角料的产生。

（3）建立先进先出的物料收发制度，及时处理呆滞料，避免堆积过久而成为陈腐报废的物料。

针对已经产生的废料，仓库管理人员可采取图4-20所示的措施进行处理。

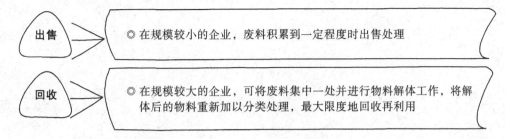

图 4-20 废料处理措施

第五章

温湿度控制与防霉防虫

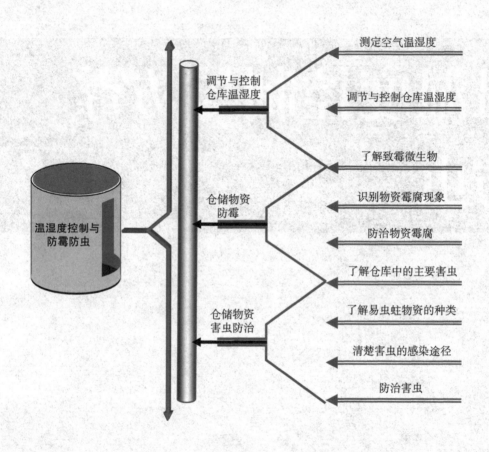

温湿度控制与防霉防虫

调节与控制仓库温湿度
- 测定空气温湿度
- 调节与控制仓库温湿度

仓储物资防霉
- 了解致霉微生物
- 识别物资霉腐现象
- 防治物资霉腐

仓储物资害虫防治
- 了解仓库中的主要害虫
- 了解易虫蛀物资的种类
- 清楚害虫的感染途径
- 防治害虫

第一节　调节与控制仓库温湿度工作中应知应会的 2 个工作小项

一、测定空气温湿度

（一）测定空气温度

库内空气温度的变化是随着大气温度变化而变化的，其变化规律与库外气温的变化规律大致相同。因此，在物资温度测定过程中，仓库管理人员应根据温度的变化规律和物资储存的特性要求采用相适应的测量工具。企业中常用的温度测量工具主要有四类，具体如表5-1所示。

表5-1　常用的温度测量工具

类别	适用范围	使用要求
水银温度计	−30℃~600℃的环境	◎ 应放置在不受阳光直射、通风的地方，且悬挂高度为1.5米上下，以能平视观测为宜
酒精温度计	−100℃~70℃的环境	◎ 读取温度计指数时，要敏捷、准确，先看小数、后看整数，且视线要与水银柱顶端齐平，手和头不要接近温度计球部，也不要对着球部呼吸
自记温度计	−80℃~500℃的环境	◎ 应该每日将其上好发条，保证自计钟能够正常旋转 ◎ 需及时更换记录纸，并需在更换时将记录纸紧贴在记纹鼓上，确保接头上的横线对准，且需将左边压在右边上方，以确保不影响自计笔的正常运转 ◎ 需及时添加墨水，及时调整笔尖与记纹鼓距离，确保所画曲线的连续性
半导体点温计	−200℃~500℃的环境	◎ 将测温头接触被测物体，即可直接从显示屏上读得被测物体温度

仓库管理人员进行仓库内的温度测定时，可采用自记温度计连续记录，也可以通过定时人工观测的方法进行间歇性的记录，且当存储的物资对空气温度变化比较敏感时，应该加大检验力度，增加记录的频率。

（二）测定空气湿度

在仓库湿度测量工作中，仓库管理人员需根据仓库的实际情况及湿度测量要求选择合适的测定工具。企业中常用的测定空气湿度的工具主要有干湿球温度计、通风湿度计、毛发湿度计及自记湿度计四种，其主要构造、原理及特点如表5-2所示。

表5-2 常用的湿度测量工具

工具类别	构造	原理	特点
干湿球温度计	由两支温度表组成，在其中一支温度表的球部用湿润的纱布包裹，制成湿球，而另一支为干球	湿球纱布上的水分蒸发吸热，因而湿球上的温度比干球上的温度低，其相差度数与空气中的相对湿度成一定比例	可以同时测量空气湿度及温度，但测量范围有限，不得低于0℃，且最终湿度还要经过换算求得
通风湿度计	在干湿球温度计的基础上，通过它头部的风扇使温度计的球部附近有一定速度的气流通过		能有效防止外界条件对湿度计的影响，从而可测得较准确的湿度值
毛发湿度计	由脱脂毛发、指针、刻度盘三部分构成	毛发可随湿度的变化而改变自身的长短，湿度大时就伸长，湿度小时就缩短	可以直接读出相对湿度，但使用寿命较短，且当空气过于干燥或过于潮湿时，数值不准
自记湿度计	由毛发湿度计及自动记录设备组成		可连续记录仓库中湿度的变化

仓库管理人员在使用湿度测量工具测量仓库内的空气湿度时，需按以下要求展开测量。

1. 干湿球温度计的使用要求

干湿球温度计的使用要求具体如表5-3所示。

表5-3 干湿球温度计的使用要求

使用步骤	使用要求
润湿湿球	◎ 将湿球的下端球部用吸水性良好、薄而细的胶脂纱布包裹，包裹时需将纱布浸湿，绕球部一周半，并将纱布的另一端浸入水盂中 ◎ 水盂内所用水要用蒸馏水或冷开水，水量不得少于容量的2/3 ◎ 湿球上所裹纱布应每周洗涤或更换一次，勿使其发黏、泛黄
放置温度计	◎ 在仓库内使用时，应将温度计悬挂在阴凉、通风的地方，避免其受到阳光的直射，或紧贴在墙上 ◎ 在仓库外使用时，应将干湿球温度计悬挂于百叶箱内，且百叶箱应放置在空旷、通风处，箱门朝北，箱体内外刷涂成白色

（续表）

使用步骤	使用要求
读取数值	◎ 温度计放置 15～30 分钟后可进行读数，读数时，应先读干球温度，后读湿球的温度
计算湿度	◎ 根据读出的干球温度及湿球温度，对照湿度对照表，确定空气的湿度

2. 通风湿度计的使用要求

通风式湿度计属于精密测湿仪器，一般放置在对湿度要求较严格的仓库，以便测出储存环境的准确湿度值，同时，其也可用于对其他类型的测湿仪器的校正。

通风湿度计的使用步骤基本与干湿球温度计相同，只是在润湿湿球后，需增加一个上紧发条使风扇旋转进行通风的步骤。

仓库管理人员应该待湿球示值稳定后再读数，其读数要求与确定湿度的方法与普通干湿球温度计相同，但需要注意的是，当气温低于 –10℃时，不宜再使用通风湿度计测湿。

3. 毛发湿度计的使用要求

在气温低于 –5℃的场合，仓库管理人员可以采用毛发湿度计测量空气的相对湿度。仓库管理人员在使用毛发湿度计时，应将其放置在阴凉、通风的地方，待指针稳定后，就可根据指针所指位置直接读出空气相对湿度。

4. 自记湿度计的使用要求

在对温湿度条件要求非常严格的仓库中，可以使用自记湿度计，从而可测得每天或每周等任意一段时间内温湿度变化的详细数据，为分析研究温湿度变化规律提供可靠依据。自记湿度计的使用方法与自记温度计基本相同，主要包括上发条、换纸、加墨等工作。

仓库管理人员需每天至少两次对空气湿度进行记录，而对于重点仓库可以适当地增加观测及记录的次数。仓库管理人员每检查完一遍温度及湿度，都应该将其结果及时记录。表 5-4 是仓库温湿度记录表的示例，用于记录仓库温湿度的情况，供读者参考。

表 5-4　仓库温湿度记录表

仓库号码：　　　测量位置：　　　储存物资：　　　安全温度：　　　安全相对湿度：

日期	上午							下午						
	天气	干球（℃）	湿球（℃）	相对湿度（%）	绝对湿度（%）	调节措施	记录时间	天气	干球（℃）	湿球（℃）	相对湿度（%）	绝对湿度（%）	调节措施	记录时间

二、调节与控制仓库温湿度

当仓库的温度或湿度超过物资的保管要求时，会使物资的质量受到损害，因此，合理地调节与控制仓库的温湿度，是物资保养的首要问题。调节与控制仓库温湿度的具体措施如下所示。

（一）调节与控制仓库的温度

仓库温度的调节与控制主要涉及防热与防冻两个事项。

1. 仓库的防热措施

仓库的防热措施具体如图5-1所示。

夜间开窗降温	◎ 仓库管理人员可以安排专人值夜班，在固定的时间段打开仓库门窗，进行自然通风或用排气风扇向仓库内吹风，使仓库内外空气对流，从而降低仓库内的温度
用空调降温	◎ 如仓库是密封的，可安装空调 ◎ 当仓库温度超过所储物资的安全保管温度时，仓库管理人员就可开动空调降温，且根据所储物资的不同，对空调的温度和开动的时间进行控制
搭凉棚降温	◎ 在露天货场搭建凉棚，避免堆垛的物资被阳光直射，从而减少物资所吸收的热量，降低物资的温度 ◎ 在多层建筑仓库的顶层搭建凉棚，可利用棚下的空气层降低仓库内的温度
屋顶喷水降温	◎ 在仓库屋顶安装自动喷水设备，定时喷水，通过水的蒸发降低温度 ◎ 喷水时间一般安排在上午11时至下午4时之间，每隔半个小时喷水一次
屋顶放置隔热材料降温	◎ 在仓库的屋顶放置一层隔热材料，可以降低仓库的温度

图5-1　仓库的防热措施

2. 仓库的防冻措施

仓库的防冻措施主要有三项，具体如图5-2所示。

附加保温材料保温	在保温库墙上或者仓库的屋顶，加放一层保温材料，可增加仓库的保温效果
利用暖气设备保温	在仓库内或者仓库的夹墙内安装暖气，通过暖气保持仓库所需的库温
封闭仓库保温	可用保温材料封闭仓库的窗户、仓门，对库顶也采取相应的保温措施，将整个仓库封闭起来，以防止温度降低对物资造成损坏

图5-2　仓库的防冻措施

（二）调节与控制仓库的湿度

仓库湿度的调节与控制主要有通风、密封与吸湿三种，具体如下所示。

1. 通风

通风就是根据空气流通的规律，有计划、有目的地组织仓库内外的空气进行交换，从而降低仓库内空气的湿度。仓库通风主要分自然通风与机械通风两类，具体内容如表 5-5 所示。

表 5-5　仓库通风方法

通风方法	说明
自然通风	◎ 利用仓库内外空气的压力差使空气自然交换的一种通风方式，其空气交换量较大 ◎ 当库外无风时，应开启仓库上部和下部通风口和窗户，促使空气流通 ◎ 当库外有风时，应先关闭仓库迎风面上部出气口，开启背风面上部出气口及仓库门窗的通风口，以加速通风
机械通风	◎ 利用通风机械工作时所产生的正压力或负压力，使库内外空气形成压力差，从而强迫库内外空气发生交换 ◎ 在仓库外墙的上部或库顶安装排风机械，在库墙的下部安装抽风机械，利用其工作时产生推压力及吸引力，将库内空气排出库外，同时将库外空气吸入库内，从而达到库内外空气交换的目的

企业采用通风法控制仓库湿度时，需注意下列三大注意事项。

（1）选择恰当的通风时机。利用通风降低仓库内空气湿度时，要先比较库内外温度、绝对湿度与相对湿度，当库外的绝对湿度低于库内时，才能够采用通风的方式降低仓库湿度。

（2）需要注意环境变化。仓库管理人员还要随时注意环境的变换，当仓库外天气骤然改变，温湿度急剧变化，或发现仓库外空气混杂有害气体及杂物时，应立即停止通风。

（3）需要与密封相结合。通风进行一段时间达到通风的目的后，仓库管理人员应及时关闭仓库门窗和通风孔，使仓库处于相对密封状态，以保持通风效果。

2. 密封

密封就是把仓库、货垛或物资尽可能严密地封闭起来，减少或阻止外界温湿度及其他不利因素对物资的影响，从而确保物资的安全。

仓库管理人员应该依据物资所需的保管条件，结合当地气候及仓库储存条件，选择适当的密封形式或将它们组合使用。常见的密封形式主要有四种，具体如表 5-6 所示。

表5-6　仓库密封方式

密封方式	适用范围
整库密封	适用于储存物资批量大、整出整进或进出不频繁的仓库
按垛密封	适用于整出整进或进出不频繁物资的密封
按货架密封	适用于出入频繁、怕潮、易锈和易霉的小件物资的密封
按件密封	适用于数量少、体积小的物资

确定密封方式后，仓库管理人员需根据物资的性质和密封的目的，合理选择成本低廉、效果好、使用方便的材料。企业中常用的密封材料一般为导热性差、隔潮性较好或透气率较小的材料，如防潮纸、塑料薄膜、油毡纸、稻谷壳、血料和泡花碱。

为了确保密封能够达到预期的效果，仓库管理人员在进行密封操作时，需注意下列三个问题。

（1）选择恰当的密封时机。过早密封会使仓库失去自然通风的机会，过晚密封则会使仓库内湿度较高。所以，仓库管理人员要掌握当地气候变换的规律，选择在潮湿季节到来前的合适时间内对物资进行密封。

采用整库密封法的仓库，不仅要选择适宜的密封时机，而且要确定恰当的启封时机，即当库外温湿度下降，绝对湿度普遍低于库内时，才可将密封的仓库开封。

（2）密封前，仓库管理人员必须检查物资的质量，如发现物资的含水量过高或已经有发霉、生锈、长虫等情况及其他变质现象，要先经过处理，使物资质量恢复正常后才能进行密封。

（3）做好物资密封后的观察。密封后，仓库管理人员需定期检查密封物资的外观状况或对密封的物资质量抽样检查，如发现问题后要及时采取处理措施。

3. 吸湿

吸湿是采用吸潮剂或机械吸湿，通过直接降低仓库空气中的水分方法，降低仓库的湿度。当仓库外湿度高于仓库内湿度而不适宜通风散潮时，通常采用吸湿与整库密封相结合的方法来降低仓库内湿度，其具体措施如下所示。

（1）吸潮剂吸湿。吸潮剂具有较强的吸潮性，能够迅速吸收库内空气的水分，进而降低仓库湿度。仓库管理人员需综合考虑库存物资及吸潮剂的特点选择吸潮剂。仓库常用的吸潮剂有生石灰、氯化钙和硅胶等，其各自的使用方法及使用中的注意事项如表5-7所示。

表 5-7　常见吸潮剂的使用要求

吸湿剂名称	使用方法	注意事项
生石灰	◎ 将生石灰捣成拳头大小的块状，装于木箱或竹篓等容器内，一般占容量的 1/3 ~ 1/2 为宜 ◎ 将装石灰的容器放置在垛底、沿墙四周以及靠近出入库门处	◎ 充分吸湿后会变成粉末，不宜使用于储存毛织品、铝制品、皮革制品等耐碱性弱物资的仓库中
氯化钙	◎ 将氯化钙放置在竹筛或木隔板上，在其下放置陶瓷或搪瓷器皿，盛装漏下的溶液	◎ 吸湿后会变为液体，不能放置在铁制容器中及接触物资或包装
硅胶	◎ 用纱布或纸包成小包放在密封货架、柜内或包装物中 ◎ 吸湿后对其烘烤，可重复使用	◎ 吸湿后仍为固体，但可依据颜色变化确定吸湿程度 ◎ 价格较高，但性能稳定，并可长期使用，适用于贵重品仓库

（2）机械吸湿。机械吸湿是利用去湿机除去仓库空气中的水分，具有吸湿效率高、平均成本低、操作简便等优点，其工作原理是吸入仓库内空气，再利用制冷装置将潮湿空气冷却到露点温度以下，使水气凝结成水滴排出，最后将冷却干燥的空气再送入库内，从而达到降低空气湿度的目的。

第二节　仓储物资防霉工作中应知应会的 3 个工作小项

一、了解致霉微生物

（一）了解微生物的特点

微生物是存在于自然界的一群体形微小，结构简单，必须借助光学或电子显微镜放大数百倍、数千倍甚至数万倍才能观察到的微小生物，它们有以下五个显著的特点。

1. 分布范围广

微生物普遍存在于地球上的生物圈内，因此，物资入库、空气流动、人为活动等都会将微生物带入仓库。

2. 个体微小，数量众多

微生物的个体微小，肉眼看不见，需要用显微镜才能观察得到，而且其数量众多，每克土壤就含微生物几千万至几亿个，因此，一般仓库要杜绝微生物的侵入几乎是不可能的。

3. 新陈代谢旺盛

微生物能分解自然界中的任何一种有机物质，且其分解速度极快。以单位重量计，微生物的代谢强度要比人和动物的代谢强度高几千倍到几万倍，而高速的新陈代谢能力使得微生物对物资的破坏速度很快。

4. 繁殖快

微生物以惊人的速度繁殖，以细菌来说，它以简单的二分裂方式无性繁殖，一般20～30分钟分裂一次。例如，大肠杆菌20分钟分裂一次，1个细胞在8小时后可繁殖到200万个以上，10小时后可超过10亿，24小时后其繁殖的数量可庞大到难以用数据计算的程度。这种繁殖速度使得微生物能在短时期内大量产生，进而破坏储存的物资。

5. 变异性强

相对于高等生物而言，微生物较容易发生变异。当环境突然改变时，一些类型的微生物很容易死亡，然而少数类型的微生物却能通过发生变异的方式适应新的环境，因此，使得想完全消灭仓库中的微生物变得非常困难。

（二）了解致霉微生物种类

在仓库中，能够引起物资霉腐的微生物主要包括霉菌、细菌、酵母菌和放线菌四种，具体内容如下所示。

1. 霉菌

霉菌是某些丝状真菌的俗称，其身体是由细长的细胞排成一列的菌丝组成，其适合生长在气温15℃～20℃而且潮湿的地方。霉菌是谷物、饲料、食品储藏的一大威胁。

霉菌种类繁多，目前已发现300多种有各种毒性作用的霉菌广泛存在于食品、饲料中，而在企业仓库存储工作中，最常见的霉菌主要包括青霉菌、曲霉菌、镰刀菌、根霉菌、毛霉菌等，具体如图5-3所示。

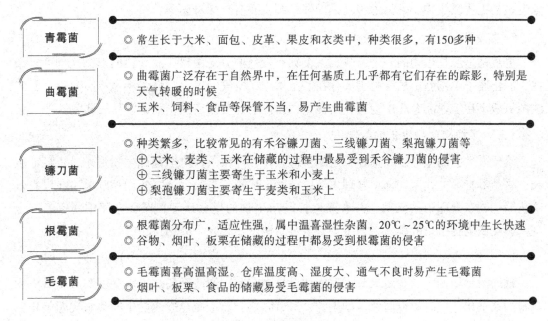

图5-3 常见的霉菌种类

2. 细菌

细菌是引起含水量较大的动植物食品霉腐的主要微生物，对日用品、工业品虽然也有影响，但危害较少。细菌种类繁多，形态各异，根据其基本形态主要可分为球菌、杆菌和螺旋菌三种，具体如图5-4所示。

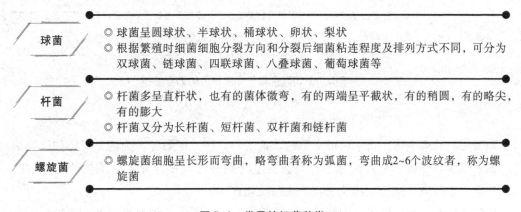

图5-4 常见的细菌种类

3. 酵母菌

酵母菌是一类单细胞的真核微生物的通俗名称，其细胞的形态通常有球形、卵圆形、腊肠形、椭圆形、柠檬形或藕节形等。酵母菌是使含有淀粉、糖类的物资如水果、蔬菜发霉变质的主要微生物。常见危害食品的酵母菌主要有红酵母菌等。

4. 放线菌

放线菌是原核生物的一个类群，大多数有发达的分支菌丝。放线菌的形态比细菌复杂些，但仍属于单细胞。放线菌主要存在于土壤中，空气、淡水、海水中也有少量存在。放线菌一般不在工业品仓库中为害，嗜热放线菌能引起食品变质，危害食品的储藏。

（三）了解微生物生长的条件

霉腐微生物的生存必须具备一定的外部条件，外部条件可引起微生物形态、生理、生长、繁殖等特征的改变。仓库管理人员应清楚环境条件与微生物之间的相互关系，以有效防止微生物在仓库中的繁衍，并有效地控制微生物的生命活动，保证仓库中物资的安全性。影响微生物生长的条件因素主要有水分、温度、日光、pH 值和氧气。

1. 水分

霉腐微生物的生长需要水分，湿度相对过高有利于细菌生长，且当湿度与霉腐微生物自身的要求相适应时，霉腐微生物生长繁殖就旺盛，而干燥会造成微生物失水代谢停止以至死亡。不同的微生物对干燥的抵抗力是不一样的，细菌的芽孢抵抗力最强，霉菌和酵母菌的孢子也具有较强的抵抗力。

影响微生物干燥抵抗力的因素较多，主要有温度、干燥速度等，具体影响如图 5-5 所示。

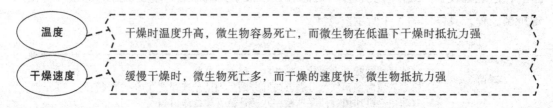

温度 —— 干燥时温度升高，微生物容易死亡，而微生物在低温下干燥时抵抗力强

干燥速度 —— 缓慢干燥时，微生物死亡多，而干燥的速度快，微生物抵抗力强

图 5-5　影响微生物干燥抵抗力的因素

2. 温度

温度是影响微生物生长繁殖最重要的因素之一。在一定温度范围内，机体的代谢活动与生长繁殖随着温度的上升而增加，当温度上升到一定程度，开始对机体产生不利的影响，如再继续升高，则细胞功能急剧下降以至死亡。

与其他生物一样，任何微生物的生长温度尽管有高有低，但总有最低生长温度、最适生长温度和最高生长温度这三个重要指标，这就是生长温度的三个基本点，具体如图 5-6 所示。

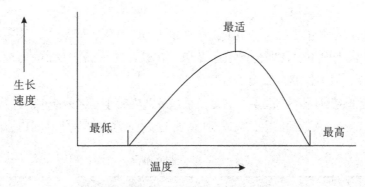

图 5-6 微生物生长速度与温度关系图

如图 5-6 所示，处于最适生长温度时，生长速度最快；超过最低生长温度时，微生物不生长，温度过低，甚至会死亡；超过最高生长温度时，微生物不生长，温度过高，甚至会死亡。

根据微生物的最适生长温度的不同，可将微生物划分为三个类型，即低温型微生物，也叫嗜冷微生物；中温型微生物，也叫嗜温微生物；高温型微生物，也叫嗜热微生物。各类微生物的适宜生长温度如表 5-8 所示。

表 5-8 微生物的适宜生长温度

微生物类型		生长温度范围（℃）			举例
		最低	最适	最高	
嗜冷微生物	专性嗜冷型	-12	5 ~ 15	15 ~ 20	冷藏仓库中的微生物
	兼性嗜冷型	-5 ~ 0	10 ~ 20	25 ~ 30	水中的微生物
嗜温微生物	室温型	10 ~ 20	20 ~ 35	40 ~ 45	腐生微生物
	体温型	10 ~ 20	35 ~ 40	40 ~ 45	病原微生物
嗜热微生物		25 ~ 45	50 ~ 60	70 ~ 95	温泉、堆肥中的微生物

3. 日光

日光中的紫外线辐射的波长为 136 ~ 400 纳米，能强烈破坏细菌的细胞和酶。当紫外线波长为 265 ~ 266 纳米时杀菌力最强，因为此时细胞原生质中的核酸及其碱基对紫外线吸收能力强，吸收峰为 260 纳米，而蛋白质的吸收峰为 280 纳米，当这些辐射能作用于核酸时，便能引起核酸的变化，破坏分子结构，妨碍蛋白质和酶的合成，引起细胞死亡。

紫外线的杀菌效果因菌种及生理状态而异，照射时间长短、距离和剂量的大小也有影响。多数霉腐微生物在日光直射下经 1 ~ 4 小时大部分即会死亡。

4. pH 值（溶液酸碱度）

各种微生物都有其最适生长的 pH 值和一定的 pH 范围，即最高、最适与最低三个数值。在最适 pH 范围内微生物生长繁殖速度快，在最低或最高 pH 值的环境中，微生物虽然能生存和生长，但生长非常缓慢而且容易死亡。

一般霉菌能适应 pH 值范围最大，酵母菌适应的范围较小，细菌最小。霉菌和酵母菌生长最适 pH 值都在 5~6，而细菌的生长最适 pH 值在 7 左右。各种微生物的 pH 值如表 5-9 所示。

表 5-9　微生物的 pH 值

微生物种类	最低 pH 值	最适 pH 值	最高 pH 值
枯草芽孢杆菌	4.5	6.0~7.5	8.5
金黄色葡萄球菌	4.2	7.0~7.5	9.3
黑曲霉	1.5	5.0~6.0	9.0
一般放线菌	5.0	7.0~8.0	10
一般酵母菌	3.0	5.0~6.0	8.0

5. 氧气

微生物对氧的需要和耐受力在不同的类群中变化很大，根据微生物的好氧性，可把它们分为三大类，具体如表 5-10 所示。

表 5-10　微生物的类型按好氧性分类

微生物类型		特点
好氧菌	专性好氧菌	◎ 专性好氧菌必须在有分子氧的条件下才能生长，它有完整的呼吸链，以分子氧作为最终氢受体 ◎ 绝大多数真菌和许多细菌都是专性好氧菌
	微好氧菌	◎ 微好氧菌是在较低的氧分压（0.01~0.03 巴，而正常大气中的氧分压为 0.2 巴）下才能正常生长的微生物
兼性厌氧菌		◎ 在有氧或无氧条件下都能生长，但有氧的情况下生长得更好。其在有氧时通过进行有氧呼吸产生能量，无氧时进行发酵或无氧呼吸产生能量 ◎ 酵母菌和许多细菌都是兼性厌氧菌
厌氧菌	耐氧厌氧菌	◎ 耐氧厌氧菌的生长不需要氧，即使在有分子氧的环境中，它也通过进行无氧呼吸的方式产生能量，但分子氧的存在对它无毒害作用
	专性厌氧菌	◎ 专性厌氧菌的特征是分子氧的存在对它们有毒，即使是短期接触空气，也会抑制其生长甚至导致其死亡

二、识别物资霉腐现象

（一）知晓易霉腐的物资类别

仓库储存的物资中，由于以动植物为原料制成的物资中含有微生物生长繁殖所必须的糖类、蛋白质、油脂和有机酸等营养物质，因此它们是主要的易霉腐物资。在企业仓库中，常见的易霉腐的物资主要有以下四类。

1. 含纤维素较多的物资

纤维素能够提供霉菌生长繁殖所需要的营养物质，所以含纤维素较多的物资，如棉麻织品、纸张及其制品、橡胶及其制品、某些塑料制品、竹制品及部分服装鞋帽，都较容易发生霉变。

2. 含淀粉的物资

微生物在淀粉上的生长较纤维制品要更加旺盛，因此含淀粉的浆料的棉纱、线布、鞋帽及纸制品、绢制品等物资都容易受到霉菌、少数酵母菌及细菌的影响而产生霉腐现象。

3. 含蛋白质较多的物资

蛋白质也是某些微生物的重要营养物质。含蛋白质较多的丝毛织品、毛皮制品及皮革制品等物资易受霉菌及部分细菌的危害，而含蛋白质较多的食品，如肉类、鱼类、蛋类及乳制品，更容易受腐败性细菌的危害。

4. 含多种有机物的物资

水果蔬菜、干果干菜、茶叶、卷烟、酒类、食用糖及含糖较多的食品含有多种有机物，极易受各种微生物的影响而产生霉腐现象。

除了上述常见易霉腐的物资以外，中草药和中成药中的某些丸剂，盐腌及盐干制品受潮后，合成纤维与棉、麻、丝、毛等天然纤维的混纺品或交织品混同储存，也会容易生霉。

（二）了解物资霉腐过程

仓库管理人员要了解物资霉腐过程，并能够根据物资霉腐过程中的特点，判断物资的霉腐情况，采用恰当的方法对其进行防治。物资霉腐时，一般都会经过五个过程。

1. 受潮

物资受潮是霉菌生长繁殖的关键因素，如果物资的含水量超过安全水分的限度，就容易引起物资的发霉。如棉布含水量超过10％，相对湿度超过75％时，就有发霉的可能。

2. 发热

微生物开始生长繁殖时会产生一定的热量，其中一部分供微生物本身利用，而其余的热量就会在库存物资中散发。

3. 发霉

霉菌在物资上生长繁殖时，起初有菌丝生长，形成肉眼能看到的白色毛状菌毛，当其继续生长繁殖就会形成点状的菌点，而霉菌在进一步繁殖时，菌点会增大并融合在一起，形成成片的菌斑。因致霉微生物的不同，菌斑的颜色也会有所不同，常见的菌斑颜色有黄、红、紫、绿、褐、黑等颜色。

4. 腐烂

物资发霉后，由于霉菌吸取了物资中的营养物质，因而破坏了物资的内在结构，从而使物资发生霉烂变质。

5. 霉味

物资腐烂后会产生霉味，包括物资中糖类物资发霉而产生的酒味、辣味褐酸气味，蛋白质物资霉腐产生的臭气味以及脂肪类物资酸败产生的"哈喇味"。

三、防治物资霉腐

物资在储藏的过程中发生霉变，主要是由于不同微生物以物资本身所含的某些物质为其繁殖生长的营养源，同时又有其适宜生长繁殖的环境因素造成的。防治物资的霉腐，应该坚持"以防为主、防治结合"的方针，通过创造不利于微生物生长发育的条件或者抑制其生长的方法，以达到防霉腐的目的，具体措施如下所示。

（一）物资霉腐预防

在物资霉腐防治工作中，仓库管理人员首先需要进行的是物资霉腐的预防工作。在企业中，物资霉腐的预防方法主要有以下八种。

1. 温控法

温控法即通过调节、控制仓库内温度进行物资霉腐预防的方法，其常用的提高温度防霉腐的方法是利用日光曝晒或在仓库内安装紫外线灯定期照射，进行环境消毒防霉。

2. 湿控法

湿控法是通过调控仓库内湿度进行物资霉腐预防的方法。通过控制空气的湿度，可直接影响微生物体内水分含量，使其不断失去体内水分，从而达到抑制其生长的目的。因此，对一些易发生霉腐的物资，企业可以通过通风、摊晾、日晒或烘烤等使水分蒸发，从而达到防霉腐的目的。

3. 化学方法

化学方法是把抑制微生物生长的化学药物放在货物或包装内进行防腐的方法。企业仓库常用的防霉腐剂主要有四类，其性能及使用方法如表 5-11 所示。

表 5-11　仓库常用防霉腐剂的性能和使用方法

名称	性能	使用方法	适用范围
水杨酰苯胺	毒性较低，具有较高的稳定性	将浓度为 0.2% ~ 0.6% 的溶液喷洒喷涂或涂刷在物资上	用于针纺织品、鞋帽、皮革、纸张等物资
多菌灵	化学性质较稳定，毒性很低，对物资无毒副作用	以 0.025% 浓度的乳液浸泡水果，或以 0.1% ~ 0.3% 浓度的乳液刷涂在其他物资上	用于针纺织品、纱线、皮革制品、鞋帽以及水果、蔬菜等
多聚甲醛	在空气中能慢慢解聚，放出甲醛气体，从而杀灭霉腐微生物	直接放置在仓库中，每立方米空间用量在 17 ~ 24 克范围内，放置人员应戴口罩和护目用胶边眼镜	用于单胶工作服、雨衣、布鞋及皮革和毛皮制品等
托布津	对人畜毒性很小，无积累性毒副作用	以浓度为 0.05% 的水溶液浸泡水果、蔬菜等	用于水果、蔬菜等物资

4. 除氧剂除氧法

大多数易于霉变的物资所生成的各种霉菌、细菌，都需要呼吸空气中的氧才能生长繁殖。通过把易霉腐物资放在严格密封的包装内，再放入化学除氧剂将氧吸收，使包装内氧浓度达到 0.1% 以下，就可以达到防止物资发生霉腐的目的。

化学除氧剂种类很多，以铁粉为主要成分的效果最好。该法主要适用于各种食品、中药材、电子元件、光学零件、精密仪器等的防霉腐，其在使用时应注意考虑密封包装材料必须有良好的阻氧性、一定的机械强度和良好的热塑性及热合性。

5. 低温冷藏防霉腐法

低温冷藏是利用液态氨、天然冰或人造冰以及冰盐混合物等制冷剂降低温度，或通过将物资放置在专门的冷藏库的方式，保持储存中所需要的低温，从而进行防霉腐的方法。利用低温来降低霉腐微生物体内酶的活性，从而抑制其繁殖生长。该法一般效果良好，鲜肉、鲜鱼、鲜蛋、水果和蔬菜等多采用低温冷藏的方法进行长期保管，但应注意不同仓储物资对低温的要求不同。例如鲜蛋最好在 −1℃ 的条件下保管；果蔬的温度要求在 0 ~ 10℃ 之间；鱼、肉等在 −16℃ ~ 28℃ 时可以较长期储存。

6. 气相防霉腐法

气相防霉腐是通过控制环境中空气成分的各种组合成分含量并结合适度的低温，让储存物品处于半休眠状态，以达到保鲜防腐的目的。

例如增加环境中的二氧化碳（CO_2）或氮气（N_2），使储藏环境的氧含量由21%降至3%而二氧化碳含量由0.03%增加到2%以上，可抑制储存物品的呼吸作用，减少其中营养物质消耗，阻止储存物品生成乙烯，对抗乙烯的生理作用，延缓其衰老和变质的过程。

该法适用于粮食、农副土特产品、中药材、副食品、果品、蔬菜以及竹木制品、皮革制品、棉、毛、丝、麻织品等。

7. 物理方法

仓库物资霉腐预防的物理方法主要有微波防霉法和辐照防霉法，具体内容如表5-12所示。

表5-12　物资霉腐预防的物理方法

方法名称	方法说明
微波防霉法	◎ 利用微波引起货物分子的震动和旋转，由于分子间的摩擦而产生热，使霉腐微生物体内温度上升而被杀灭 ◎ 适用于粮食、食品、皮革制品、竹木制品、棉织品等的储存防霉
辐照防霉法	◎ 利用放射同位素如钴60释放的各种放射线照射易霉腐物品，从而直接破坏微生物体内脱氧核糖酸和其他物质将微生物杀死 ◎ 适用于医疗器材和用品消毒，食品防腐及皮革制品、纸烟、烟叶、中药材的防霉

8. 加强仓储环境管理

加强仓储环境管理，控制致霉微生物生长繁殖的条件及减少致霉微生物对物资的破坏，是防治物资霉腐工作的关键，其具体要求如图5-7所示。

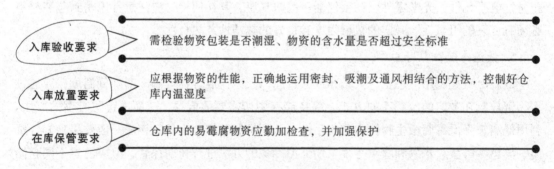

入库验收要求　　需检验物资包装是否潮湿、物资的含水量是否超过安全标准

入库放置要求　　应根据物资的性能，正确地运用密封、吸潮及通风相结合的方法，控制好仓库内温湿度

在库保管要求　　仓库内的易霉腐物资应勤加检查，并加强保护

图5-7　加强仓储环境管理的措施

（二）霉腐物资救治

如果霉腐物资发现得早，仓库管理人员可采取适当的方法进行救治，其具体过程如下所示。

1. 去湿

物资发霉一般都是从受潮开始的，控制物资中的水分可以有效地防止物资的进一步霉变。常见的去湿方法有暴晒、摊晾及烘烤这三种。

（1）暴晒。暴晒既能散去物资的水分，又能杀灭物资上的霉菌，其适合于经日晒不影响质量的物资，如不含有或少含有油脂的干果、干菜以及鞋帽、皮毛制品。

在暴晒中，仓库管理人员需适当掌握时间，并注意经常翻动，不要过分暴晒，以防晒坏物资。

（2）摊晾。对于不宜暴晒而含水量过高的物资，如色布及含有油脂较多的物资，仓库管理人员应将其放置在阴凉通风的场所，以降低物资的含水量。

（3）烘烤。通过高温烘烤使物资干燥，从而使霉菌因缺水而死亡。烘烤除霉适合于卷烟、茶叶及某些干果等通过暴晒会影响质量的物资，或经过暴晒无法除灭内部微生物的物资，其具体要求如图 5-8 所示。

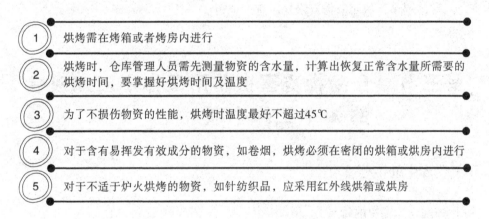

1　烘烤需在烤箱或者烤房内进行

2　烘烤时，仓库管理人员需先测量物资的含水量，计算出恢复正常含水量所需要的烘烤时间，要掌握好烘烤时间及温度

3　为了不损伤物资的性能，烘烤时温度最好不超过45℃

4　对于含有易挥发有效成分的物资，如卷烟，烘烤必须在密闭的烘箱或烘房内进行

5　对于不适于炉火烘烤的物资，如针纺织品，应采用红外线烘箱或烘房

图 5-8　烘烤除菌的要求

2. 灭菌

去除物资上的霉腐还可以从灭菌入手，杀灭了物资上的致霉微生物就能够防止物资的进一步霉腐。常用的灭菌方法主要有药剂熏蒸灭菌、紫外线灭菌及加热灭菌三种，具体如下所示。

（1）药剂熏蒸灭菌。药剂熏蒸灭菌法是指在密封的条件下，利用易挥发并能产生毒杀气体的化学药剂来杀灭微生物。常用的熏蒸剂主要是溴甲烷、氯化苦等。药剂熏蒸灭菌法可以保持物资在短时间内不霉变或抑制其蔓延范围，适用于物资发热霉变的初期。

（2）紫外线灭菌。紫外线灭菌法是通过在库内或货垛周围装置紫外线灯，对物资进行定期照射，利用紫外线的杀菌作用，除去引起物资霉变的微生物的方法。

紫外线只能消灭被灯光照射部分的微生物，因此，用紫外线灭菌法对物资灭菌时，必须根据物资霉变的程度和部位，采取不同的方式进行照射。紫外线灯的照射时间也不要过长，一般以每次 20 ~ 50 分钟为宜。

（3）加热灭菌。适宜的温度也是微生物生长的必要条件，因此可以通过加热的方法抑制微生物生长繁殖，以致使其死亡。加热灭菌法可以分为干热灭菌法及湿热灭菌法两种。

干热灭菌法适用于怕潮而不怕高温的物资，如干果、干菜。对物资进行干热灭菌时，应将物资放置于电热干燥箱中，将温度控制在 140℃ ~ 170℃，加热 1 ~ 2 小时，就能够达到灭菌效果。

湿热灭菌法适用于那些不怕高温高湿而不宜干热的物资。对物资进行湿热灭菌时，可以使用高压蒸汽灭菌锅、蒸笼热蒸等设备对物资进行灭菌。温度应该掌握在 120℃，时间为 30 分钟。

3. 刷霉

凡生霉物资经过上述方法处理后，物资自身水分已降低，霉菌也被杀死，可以用毛刷将物资上的霉迹刷除，从而使物资恢复原有的本色。

第三节　仓储物资害虫防治工作中应知应会的 4 个工作小项

一、了解仓库中的主要害虫

（一）知晓仓库害虫的特点

仓库中常见的危害物资的害虫都是昆虫，主要为甲虫的成虫、幼虫和蛾类的幼虫。它们大多来源于农作物，但由于长期生活在仓库中，其生活习性逐渐改变，能适应仓库的环境而继续繁殖，并具有以下特性。

1. 适应性强

仓库害虫一般既耐干、耐热、耐寒、耐饥，又具有一定的抗药能力，其生长繁殖的适宜温度范围一般为 18℃ ~ 35℃，有些害虫甚至能忍耐 38℃ ~ 45℃ 的高温。

2. 食性广而杂

仓库害虫的口器发达，能咬食坚硬的物资，且大多数具有杂食性，能够对多种物资造成危害。

3. 繁殖速度快

由于仓库环境气候变化小、天敌少、食物丰富、活动范围有限、雌雄相遇机会多等原因，仓库害虫具有极强的繁殖能力。

4. 活动隐蔽

大多数仓库害虫体型很小，体色较深，隐藏于阴暗角落中，在寒冷季节常在板墙缝隙中潜伏过冬，从而使其难以被发现。

（二）了解仓库害虫的种类

仓库害虫种类繁多，其中危害范围最广的主要是黑皮蠹、竹长蠹、烟草甲、锯谷盗、袋衣蛾、毛衣鱼六种害虫，其生活习性及危害范围如表5-13所示。

表5-13 仓库主要害虫的生活习性及其危害范围

害虫名称	生活习性	危害范围
黑皮蠹	◎ 全国各地均有分布 ◎ 幼虫啃食物资，且其耐寒性强，群集在仓库缝隙中或杂物中越冬；成虫不取食物资，但却会将卵产在食物的表面或附近 ◎ 最适宜生长条件为温度25℃~30℃，相对湿度70%~90%	◎ 危害各种利用动植物原料制成的物资，如大米、小麦、玉米、高粱及其加工品、油菜籽、豆类、烟叶、蚕茧、丝毛织品、毛皮、皮革
竹长蠹	◎ 主要分布于长江以南，每年4~5月开始活动 ◎ 喜温湿环境，怕光，最适宜生长条件为温度28℃~30℃，相对湿度75%~80%	◎ 幼虫危害竹、藤制品 ◎ 成虫危害木材及竹制品
烟草甲	◎ 分布广、食性杂，我国大部分省区都有分布 ◎ 主要以幼虫危害，幼虫怕光，喜暗，耐饥性强，可越冬，成虫在强光下具有假死性 ◎ 最适宜生长条件温度22℃~35℃，相对湿度65%~75%	◎ 主要危害烟叶、卷烟及部分中药材、谷物、豆类、油料、丝毛织品及皮毛、皮革、书籍、茶叶等
锯谷盗	◎ 成虫在仓库内外缝隙、砖石下越冬，翌春返回仓库内，寿命3年以上，喜群聚、抗寒、抗毒力较强，并有假死性 ◎ 最适宜生长条件温度30℃~35℃，相对湿度90%左右	◎ 主要危害干果类、中药材等，尤其是玉米及干菇、干耳等食用菌
袋衣蛾	◎ 袋衣蛾的幼虫能够蛀食物资，其一年能繁殖4~5代，以幼虫越冬 ◎ 最适宜生长条件温度25℃~30℃，相对湿度70%~90%	◎ 幼虫主要危害毛制品、毛织品、毛衣、毡垫等

（续表）

害虫名称	生活习性	危害范围
毛衣鱼	◎ 在我国大部分省份均有分布 ◎ 生性活泼，喜欢生活在黑暗、潮湿、密封的场所，怕光，一般在夜间活动 ◎ 最适宜生长条件温度 23℃ ~ 30℃，相对湿度 70% ~ 90%	◎ 主要危害各种丝、毛制品、纸张、花生、芝麻及中药材

二、了解易虫蛀物资的种类

在仓库中，容易虫蛀的物资主要是一些由营养成分含量较高的动植物加工制成的物资，具体如表 5-14 所示。

表 5-14　易虫蛀物资的种类

物资类型	主要害虫	危害方式
毛、丝织品及毛、皮制品	黑皮蠹、袋衣蛾、织网衣蛾、毛毡衣蛾以及毛衣鱼等	咬断纤维或将织品蛀成细小的孔洞
竹藤制品	竹长蠹、角胸长蠹、褐粉蠹和烟草甲	将物资蛀成细小的孔洞
纸张及纸制品	毛衣鱼、白蚁	将纸张及纸制品蛀成小孔、碎片
卷烟、烟叶	烟草甲、烟草粉螟	啃食烟叶、烟丝，把卷纸蛀出小孔
干果	锯谷盗、花斑皮蠹、米象	将物资蛀出孔洞，并在物资上产卵

三、清楚害虫的感染途径

害虫的感染途径主要有入库前物资内潜伏、包装内隐藏、运输工具感染、仓库内隐藏、邻垛之间相互感染五种途径，其具体内容及预防方法如表 5-15 所示。

表 5-15　常见害虫的感染途径

感染途径	途径说明	预防方法
入库前物资内潜伏	物资在入库前已有害虫潜伏其中，如农产品一般均含有害虫或虫卵，而在加工的过程中，如果没有进行彻底的杀虫处理，成品中就会出现害虫	做好物资入库前的检疫工作，确保入库物资不携带害虫及虫卵

（续表）

感染途径	途径说明	预防方法
包装内隐藏	仓库包装物内藏害虫，入库物资放入包装物后，害虫即可危害物资	对可重复利用的包装物定期消毒，杀死其中隐藏的害虫
运输工具感染	运输工具如果装运过带有害虫的物资，害虫可潜伏在运输工具之中，进而感染其他物资	注意运输工具的消毒，运输时严格区分已感染物资与未感染物资
仓库内隐藏	害虫还有可能潜藏在仓库建筑的缝隙以及仓库内的各种备用器具中，或者在仓库周围生长，并伺机进入仓库	做好仓库内、外环境的清洁工作，并对仓库内用具定期消毒，防止害虫滋生
邻垛之间相互感染	当某一货垛感染了害虫后，害虫爬到邻近的货垛上去，继续为害	对已经感染了害虫的货垛及时隔离，并对其相邻货垛严密监控

四、防治害虫

仓库管理人员一旦发现仓库中有害虫活动的痕迹，就应该立即采取有效防治措施杀死害虫，避免虫害的扩大。按照杀死害虫的方法的不同，可以将虫害的防治方法分为物理防治法与化学防治法。

（一）物理防治法

物理防治法是指利用各种机械设备将害虫与物资分离，或直接将害虫杀死，以达到防治虫害目的的方法。物理防治法主要分为机械除虫法、气控防虫法、温控杀虫法、诱集杀虫法及电离辐射杀虫五种，具体内容如下所示。

1. 机械除虫法

机械除虫法主要是利用人工操作或动力操作的各种机械来将害虫与物资分离，从而清除仓库中的害虫的方法。例如粮食仓库经常采用风车、筛子等机械设备，将害虫与粮食分离。

仓库管理人员组织机械除虫时，应在害虫活性较低的低温季节进行，且将除虫地点远离仓库，在作业现场周围用药剂布置防虫线，以免害虫再次进入仓库。

2. 气控防虫法

气控防虫法是通过改变物资存储环境中空气的成分，造成不利于害虫生长的环境条件，从而防治害虫的方法。一般仓库通常采用对物资堆垛进行塑料薄膜密闭造成自然缺氧或通过填充二氧化碳、氮气等气控措施，以达到抑制害虫生长甚至直接杀灭害虫的目的。

3. 温控杀虫法

温控杀虫法是通过控制仓库温度，造成不易于害虫生长的环境，进行害虫防治的方法，主要分为高温杀虫法和低温杀虫法两类，具体如图5-9所示。

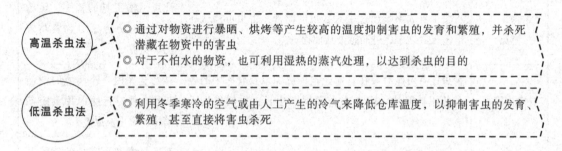

高温杀虫法
◎ 通过对物资进行暴晒、烘烤等产生较高的温度抑制害虫的发育和繁殖，并杀死潜藏在物资中的害虫
◎ 对于不怕水的物资，也可利用湿热的蒸汽处理，以达到杀虫的目的

低温杀虫法
◎ 利用冬季寒冷的空气或由人工产生的冷气来降低仓库温度，以抑制害虫的发育、繁殖，甚至直接将害虫杀死

图5-9 温控杀虫法

4. 诱集杀虫法

诱集杀虫法即根据仓库害虫的趋高性、群集性及趋光性等习性，将害虫诱集到一起，对其进行集中杀灭的方法。根据诱集物的不同，诱集杀虫法分为以下三类。

（1）灯光诱集法。灯光诱集法是利用害虫的趋光性来诱杀害虫。这种方法主要适用于鳞翅目的昆虫。灯光诱杀时一般使用诱虫灯诱杀害虫，这种方法可以减少成虫的数量，抑制害虫的繁殖，但是其杀虫效果不彻底，不能捕杀货垛内的幼虫。

使用诱虫灯时，应该根据害虫的特性调整光线的强弱及颜色，选择恰当的悬挂位置及高度，从而达到最佳的诱杀效果。

（2）食物诱集法。根据仓库害虫食性，可以在仓库中放置对某种害虫具有吸引力的诱饵，将害虫集中后杀灭。

（3）其他诱集方法。根据某些仓库害虫的趋高性、群集性，可以在仓库中采用高峰竖棒诱集（诱集上爬性的玉米象、锯谷盗及谷蠹成虫）、破旧麻袋诱集（诱集群集性的赤拟谷盗，或越冬蛾类幼虫）等方法诱杀害虫。

5. 电离辐射杀虫

电离辐射杀虫即使用 α 粒子、β 粒子、X 射线、γ 射线及加速电子等产生的电离辐射，对害虫进行处理的方法，其中，在仓库中使用最普通的是 γ 射线。电离辐射杀虫可造成幼虫发育成畸形的成虫或成虫生殖力降低、雌雄个体不育，同时通过加大照射量，还能够使害虫体温迅速升高，最终导致死亡。

（二）化学防治法

化学防治法就是利用化学药品直接或间接地杀死害虫，其杀虫力强、防治效果显著，但由于化学药品往往具有毒性，会给物资带来不同程度的污染，长期使用还会增加害虫的抗药性。常见的化学防治法主要采用驱避剂防治法、熏蒸剂防治法及杀虫剂防治法三类，具体如下所示。

1. 驱避剂防治法

驱避剂防治法是使用驱避剂进行害虫防治的方法。驱避剂的驱虫作用是利用易发挥并具有特殊气味和毒性的固体药物，挥发的气体在物资周围经常保持一定的浓度，从而起到驱避、毒杀仓库害虫的作用。企业中常用驱避剂药物有精萘丸、对位二氯化苯、樟脑精等，它们各自的使用要求如表 5-16 所示。

表 5-16　常见驱避剂的使用要求

名称	适用对象	慎用对象
精萘丸	适用于毛、丝、棉、麻、人造毛制品、人造丝制品及皮革、胶木、橡胶、纸制品的防虫	不能用于有机玻璃和聚苯乙烯、人造革制品、食品及各种怕串味的物资
对位二氯化苯	适用于毛、棉、丝、麻、人造毛制品、人造丝制品及皮革、竹木制品等	各种塑料制品（赛璐珞除外）、橡胶、漆布、漆纸、人造革制品及各种食品和怕串味的物资
樟脑精	适用于毛、棉、丝、麻、人造毛制品、人造丝制品及皮革、羊毛及合成纤维、混纺织物、竹木制品等	

仓库管理人员在使用驱避剂时，应将其放入物资包装或密封货垛内，使其挥发的气体在物资周围经常保持一定的浓度，以消灭害虫或使害虫不敢接近。

2. 熏蒸剂防治法

熏蒸剂防治法是利用熏蒸剂进行害虫防治的方法。熏蒸剂是利用挥发时所产生的蒸气毒杀有害生物的一类化学药品，它具有渗透性强、防效高、易于通风散失等特点，适合于虫害已经发生及害虫潜藏在不易发现或不易接触的地方的仓库使用，但由于其大多具有较强的毒性，因此在使用时要严格控制用量，并做好防护工作，以免发生安全事故。

企业中常见的熏蒸剂有氯化苦、溴甲烷、磷化铝、二氯乙烷等，其各自的使用要求如表 5-17 所示。

表 5-17　常见熏蒸剂的使用要求

名称	适用对象	慎用对象
氯化苦	竹木制品、皮、毛制品和一般纸制品及部分食品，如红枣、干辣椒	带有金属附件的物资、棉制品、丝制品、化纤织品及含水量较大的物资
溴甲烷	竹木制品、棉制品、毛制品、丝制品、麻织品、塑料制品、带有金属附件的物资及中药材等	含脂肪、橡胶或涂料的物资
磷化铝	粮食、中药材、竹木制品和毛制品	带有铜制附件的物资
二氯乙烷	谷物、粮食	含脂肪的物资及含蜡的物资

3. 杀虫剂防治法

杀虫剂防治法是利用杀虫剂查杀仓库中害虫的方法。杀虫剂主要通过触杀、胃毒作用杀灭害虫，其使用时需与水配成一定比例的溶液，然后用喷雾剂在仓库内进行喷洒。常见的杀虫剂有敌敌畏和敌百虫，其使用要求如图 5-10 所示。

敌敌畏使用要求	◎ 能够杀灭多种害虫，但不能直接喷洒在塑料、油漆、橡胶及金属制品上 ◎ 使用时需将敌敌畏配制成0.1%~0.2%的溶液，每平方米喷洒药液50克
敌百虫使用要求	◎ 主要适用于对空仓、备品用具及环境卫生进行消毒 ◎ 使用时需将其配制成浓度为0.05%~0.1%的溶液，且每平方米喷洒药液50克

图 5-10　杀虫剂的使用要求

杀虫剂喷洒后，仓库管理人员应将仓库密封，然后开窗通风，待药散尽后方可进入仓库。

第六章

特殊物资养护

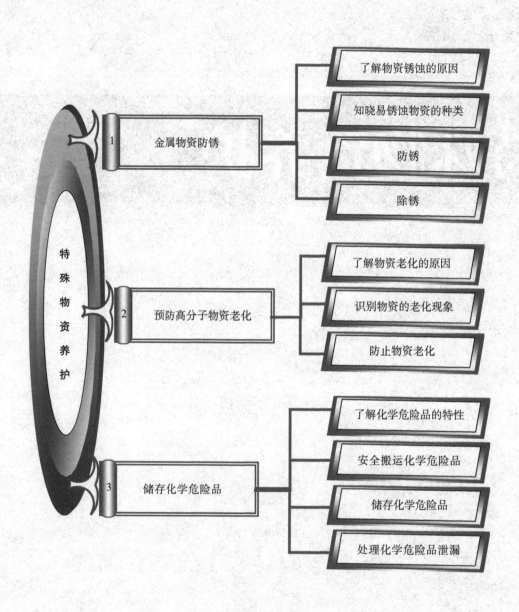

特殊物资养护

1 金属物资防锈
- 了解物资锈蚀的原因
- 知晓易锈蚀物资的种类
- 防锈
- 除锈

2 预防高分子物资老化
- 了解物资老化的原因
- 识别物资的老化现象
- 防止物资老化

3 储存化学危险品
- 了解化学危险品的特性
- 安全搬运化学危险品
- 储存化学危险品
- 处理化学危险品泄漏

第一节　金属物资防锈工作中应知应会的 4 个工作小项

一、了解物资锈蚀的原因

金属物资的锈蚀，俗称生锈，是指金属物资在环境介质的作用下发生化学或电化学反应，成为金属化合物而遭受破坏的现象。影响金属制品锈蚀的因素有许多，既有金属制品本身的特征因素，也有金属制品储存环境的因素。

（一）金属物资锈蚀的内因

金属物资本身的物理及其化学性质，是其锈蚀的根本原因。

1. 金属的化学性质

金属的化学性质决定了它与空气中的水分、氧气及有腐蚀性的气体发生化学反应的难易情况，从而影响其产生锈蚀的情况。

2. 金属物资的纯度

纯金属在大气中或电解液中都是比较稳定的，但是金属物资一般都不是纯金属而是多种成分的合金，在成分、组织、物理状态、表面状态等方面都存在各种各样的不均匀性，因此，其易在潮湿的空气中发生电化学反应，从而产生锈蚀。

3. 金属物资的表面光滑程度

金属表面的光洁程度也是影响金属锈蚀的因素之一。表面粗糙的金属制品与空气的接触面积广，因而锈蚀速度也较快。有些钢铁制品为防止锈蚀，在其表面上常镀有具有保护作用的金属镀层。

4. 金属制品的物理状态

金属制品物理状态的不均匀性也是影响电化学锈蚀的因素。金属在机械加工过程中常常造成金属各部分形变不均匀性及内应力的不均匀性，从而引发物资的锈蚀。例如在铁板弯曲处及铆钉头的锈蚀，就是由于这个原因引起的。

（二）金属物资锈蚀的环境因素

所谓环境因素是指储存环境的空气温度、湿度以及空气中的有害气体和杂质。金属物资储存环境因素是物资能否发生锈蚀的决定因素，也是防止储存中的金属物资锈蚀的主要控制因素，具体如下所示。

1. 空气的湿度

空气中的水分是金属产生锈蚀的主要因素。金属制品在储存中的锈蚀主要是潮湿大气锈蚀。潮湿大气锈蚀是在金属制品表面形成的水膜下发生的电化学反应过程，氧气及其他有害气体都是通过溶解于水汽在金属表面形成的水膜，从而与金属发生化学及电化学反应，使金属产生锈蚀。

一般金属锈蚀的临界湿度在70%左右，当空气相对湿度超过金属的安全相对湿度时，在金属表面所形成的水膜厚度就会满足电化学反应过程的需要，从而使锈蚀速度明显加快。随着空气湿度的升高，锈蚀发生的速度也逐渐加快。

雨、雾、露、霜、雪等自然气候对金属的损害更大，它们不仅在金属表面留下了大量的水，本身也含有大量的有害成分，并且其在金属表面存在时间较长，会明显加速金属锈蚀的速度。

2. 空气中的氧气

空气中含有大量的氧气，它很容易溶解并渗透到金属表面的水膜中，并与金属发生反应，从而加快了金属电化学锈蚀的进程。

3. 空气的温度

空气温度对金属锈蚀速度的作用主要表现在影响金属表面水汽的凝聚和水膜中有害气体的溶解度上。储存环境气温的升高会加速金属制品的锈蚀速度，因为热能可加速化学反应的进行，同时温度升高能减轻阴极的极化作用，但是这种作用只有在温度很高时并且这种温度的升高并不会使金属制品表面水膜干涸的情况下才能表现出来。

4. 空气中的有害气体及杂质

空气中含有的二氧化硫、硫化氢、氯化氢、氯等气体溶解在金属表面的水膜中，会形成酸性液体，从而与金属发生反应，产生锈蚀。空气中悬浮的炭粒、沙粒等灰尘微粒落在金属表面上，也会加速金属的电化学反应。

二、知晓易锈蚀物资的种类

在金属制品中，容易锈蚀的物资如表6-1所示。

表6-1　容易锈蚀的物资

物资类别	锈蚀说明
钢铁为原料的制品	◎ 最容易被腐蚀，其本身具有白色金属光泽，但在潮湿的空气中或与酸性介质接触时，会产生红棕色的铁锈

（续表）

物资类别	锈蚀说明
铜及其合金制品	◎ 铜本身是一种玫瑰色的金属，其在空气中尤其是含有水蒸气或硫化氢的气体中，表面易生成蓝绿色的铜锈
铝及其合金制品	◎ 灰白色的金属，在空气中能生成一层致密的氧化膜，从而防止其进一步氧化，因此铝制品在空气中是不容易锈蚀的，但是，含硫燃料燃烧后的工业废气、海洋大气和海水等能够破坏铝的氧化膜，从而使铝合金产生锈蚀

三、防锈

金属物资防锈的根本方法是防止或破坏产生化学和电化学腐蚀的条件，其具体措施如下所示。

（一）控制存储环境

控制金属物资的存储环境，杜绝促使金属锈蚀的环境因素是防止金属锈蚀最经济有效的办法，具体措施如表6-2所示。

表6-2　控制存储环境的措施

措施名称	措施说明
筛选保管场地	◎ 根据金属物资的性质确定具体存放方式 　⊕ 大中型金属材料，如圆钢、方钢、六角钢等可以放置在露天场地 　⊕ 镀锌铁板、马口铁、金属制品和小型钢丝绳可以存入货棚 　⊕ 价值较高的贵重金属和小型精密配件、五金制品则应该存放在库房中 ◎ 存放金属物资的库房、货棚及货场，应远离产生有害气体和粉尘的厂房建筑 ◎ 货场要用碎石或炉灰等垫平，增强地表层的透水性，以保持存储区干燥 ◎ 金属物资要与酸、碱、盐等物质分开存放
进行入库检查	◎ 在物资入库时要进行严格的检查，并对金属物资表面进行清理，清除水迹、油污、泥灰等脏物 ◎ 对于已经有锈迹的，要立即除锈
合理堆码及苫垫	◎ 堆放金属物资时要垫高垛底，并保证垛底的通风及干燥，从而使物资免受地面湿气的影响 ◎ 对不同的金属材料采用不同的存放方法，不同种类的金属材料存放于同一地点时，必须有一定的间隔距离，防止因接触而发生的腐蚀 ◎ 对于放置在露天货场的金属物资最好进行苫盖，以使其与雨水、潮湿空气隔离

（续表）

措施名称	措施说明
控制仓库的湿度	◎ 相对湿度在60%以下，可以防止金属制品表面凝结水分、生成电解液层而遭受电化学腐蚀，但由于相对湿度60%以下较难达到，一般库房需将其控制在65%～70%以内

（二）隔离金属物资

与控制存储环境这种方法相比，将金属物资与环境隔离开的防锈方法是一种短期的、高成本的方法。它适用于数量少、保管要求较高的金属物资的防锈，具体措施如下所示。

1. 涂油防锈法

涂油防锈法是指在金属表面涂刷一层油脂，使金属表面与空气和水隔绝，以达到防锈的目的。按照防锈油在金属表面存在的状态，防锈油可以分为硬膜防锈油和软膜防锈油两种。

（1）硬膜防锈油。硬膜防锈油在使用前呈稠液状，涂在金属物资表面后会很快干涸，形成一层硬壳，即使经受轻微的磨打也不会损伤。它的防锈性能较软膜防锈油要好，但油膜不易去除，因而主要被使用于待加工材料或露天存放的大型钢铁器材的防锈。

（2）软膜防锈油。软膜防锈油刷涂在金属表面后会形成一层油膜，从而将金属与空气隔绝。它使用方法简单，但由于油膜容易被破坏，因而多用于库房内较长期封存的金属物资的防锈。

2. 气相防锈法

气相防锈法是利用挥发性缓蚀剂在常温下挥发的缓蚀气体，阻隔腐蚀介质的腐蚀作用，从而达到防锈的目的。由于其成本较高，因此一般用于成品或较为贵重材料的保养。气相缓蚀剂的使用方法主要有图6-1所示的三种。

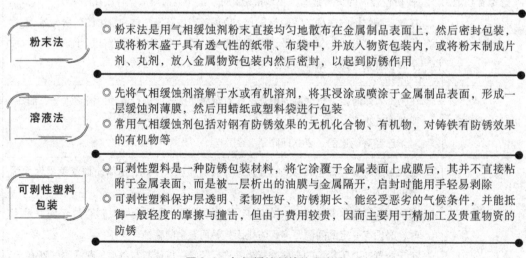

粉末法 ◎ 粉末法是用气相缓蚀剂粉末直接均匀地散布在金属制品表面上，然后密封包装，或将粉末盛于具有透气性的纸带、布袋中，并放入物资包装内，或将粉末制成片剂、丸剂，放入金属物资包装内然后密封，以起到防锈作用

溶液法 ◎ 先将气相缓蚀剂溶解于水或有机溶剂，将其浸涂或喷涂于金属制品表面，形成一层缓蚀剂薄膜，然后用蜡纸或塑料袋进行包装
◎ 常用气相缓蚀剂包括对钢有防锈效果的无机化合物、有机物，对铸铁有防锈效果的有机物等

可剥性塑料包装 ◎ 可剥性塑料是一种防锈包装材料，将它涂覆于金属表面上成膜后，其并不直接粘附于金属表面，而是被一层析出的油膜与金属隔开，启封时能用手轻易剥除
◎ 可剥性塑料保护层透明、柔韧性好、防锈期长、能经受恶劣的气候条件，并能抵御一般轻度的摩擦与撞击，但由于费用较贵，因而主要用于精加工及贵重物资的防锈

图6-1 气相缓蚀剂的使用方法

四、除锈

当遇到意外事故或由于保管疏忽导致物资已经产生锈蚀时，仓库管理人员要及时采用如下措施将物资表面锈迹除去，以保证物资的质量，并避免物资的进一步锈蚀。

（一）手工除锈

手工除锈是用简单的除锈工具，通过手工擦、刷、磨等操作，将金属物资上的锈斑、锈痕除去的一种方法。常见的手工除锈的方法如表6-3所示。

表6-3　常见的手工除锈方法

除锈工具	操作方法	除锈范围
钢丝刷	先用钢丝刷或铜丝刷打锈，再用废布将物资擦拭干净	各种钢管、水暖器材、铁板等
砂布	用砂布直接擦拭，或先蘸取去污粉、煤油再擦拭，最后再用干抹布擦拭一次	各种小五金工具、配件及一般精密仪器，如钢珠、轴承、天平
木屑	把清洁干燥的木屑撒在板材上，然后用旧布盖住进行擦拭，最后将木屑扫净，用干抹布再擦拭一次	钢板上的轻、中度锈蚀

（二）机械除锈

机械除锈是通过专用机械设备进行除锈的一种方法，它具有效率高、人力省、开支小等特点。机械除锈一般有抛光法、钢丝轮除锈法和喷射法三种，具体如图6-2所示。

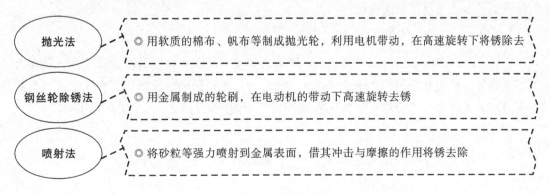

抛光法	◎ 用软质的棉布、帆布等制成抛光轮，利用电机带动，在高速旋转下将锈除去
钢丝轮除锈法	◎ 用金属制成的轮刷，在电动机的带动下高速旋转去锈
喷射法	◎ 将砂粒等强力喷射到金属表面，借其冲击与摩擦的作用将锈去除

图6-2　机械除锈方法

（三）化学除锈

化学除锈是利用能够溶解锈蚀物的化学品，除去金属制品表面上锈迹的方法，其操作方便、设备简单、效率高、效果好等优点，特别适用于形状复杂的物资。由于化学除锈所使用的化学溶液都有较强的腐蚀性，因此在操作时一般遵照以下步骤要求进行。

1. 除油

在使用化学溶液除锈前，应先将金属物资表面的油污清除干净，以免影响除锈的效果。除油的方法主要有碱溶液除油法、有机溶剂除油法和金属清洗剂除油法三种，具体如图6-3所示。

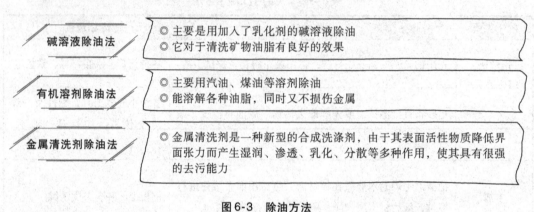

图6-3 除油方法

2. 除锈

在去除了油迹以后，就要除净金属表面上锈蚀及杂质。常用的除锈液主要由除锈无机酸（如磷酸、硫酸、盐酸、硝酸）和钝化剂（如铬酸酐）或缓蚀剂（如乌洛托品）等配制而成。其中，无机酸起着溶解锈迹的作用，钝化剂起着钝化保护金属物资的作用，缓蚀剂起着保护金属不受强酸腐蚀的作用。

3. 中和

物资在经过酸洗以后其表面总会残留酸液，如果不及时将这些酸液清除干净，就可能引起金属物资在储存期间严重锈蚀。因此，通常对金属物资酸洗除锈后，仓库管理人员要先用流动清水冲洗，然后放入3%~5%碳酸钠稀溶液中进行中和，再用清水冲洗干净。

4. 干燥

中和完毕后，仓库管理人员应擦去物资表面的水分，待其自然干燥。

第二节　预防高分子物资老化工作中应知应会的 **3** 个工作小项

一、了解物资老化的原因

高分子物资的老化是一种不可逆的化学反应，它主要是高分子材料分子结构发生降解和交联这两种变化的结果。

降解是指高分子材料的分子链的断裂，使得高分子材料的分子量下降，材料变软、发粘，抗拉强度降低。交联是指高分子"碳－氢键"断裂，产生的高分子自由基相互结合，形成网状结构，使得材料变硬变脆，伸长率下降。高分子物资的老化，虽然是由其本身分子结构的弱点决定的，但也受着外部环境的影响。

影响高分子物资老化的外因是与其直接接触的各种外界环境因素，包括氧气、臭氧、热、日光、水、机械应力、高能辐射、电、工业气体、海水、盐雾、霉菌、细菌、昆虫等，其中，氧、热、日光、水是高分子物资储存过程中引起老化的主要影响因素，具体内容如表6-4所示。

表6-4　影响高分子物资老化的外在因素

因素名称	影响原理
氧	◎ 高分子材料在光、热或其他因素影响下与氧气进行的氧化反应，引发其老化
热	◎ 温度升高会使分子的热运动加速，促进高分子材料降解或交联反应的发生，从而引起高分子物资的老化 ◎ 一般情况下，在物资的存储过程中，纯粹因为分子运动加速而引起的物资老化现象是不明显的；热对高分子物资老化的促进主要体现在加速了氧气和臭氧对物资的作用上
日光	◎ 日光中的紫外线易被含有醛、酮、羰基的聚合物所吸收，引起光化学反应，破坏高分子结构 ◎ 日光中的红外线被物资吸收后会提高物资的温度，加速高分子热老化和热氧老化
水	◎ 某些高分子在分子结构上含有亲水基团，容易吸收水而引起水解 ◎ 水渗入高分子内部后会使制品内某些防老剂被水溶解，从而去除了材料内部的保护剂，加速了物资的老化

二、识别物资的老化现象

高分子物资中的橡胶制品、合成纤维制品及塑料制品最容易在空气中老化，它们老化的表现如表6-5所示。

表6-5　常见易老化物资及其老化的表现

物资使用材料		老化的因素及表现
橡胶制品	天然橡胶	因为氧和臭氧的存在，大大加快了天然橡胶的老化速度；所有增大氧活性的因素，如库房内部温度升高、日光直接照射，都会助其老化
	合成橡胶	凡含双链结构的合成橡胶制品的老化也是因为氧和臭氧的存在，但双链的碳链橡胶和杂链橡胶的耐空气老化性能要较天然橡胶好得多
合成纤维制品	锦纶	阳光、水分是促使其老化的主要原因。在阳光照射下，其织品色质逐渐泛黄、手感粗、强度下降，当空气湿度增加时，光脆化程度加重
	涤纶	涤纶耐热性较好，但在阳光照射下，强度将随照射时间的延长而下降
	腈纶	温度和湿度对其老化的影响都较小，且耐光性和耐气候性也比所有的天然纤维和常见的一些化学纤维好一些
	维纶	虽然耐空气老化性能比锦纶好，但在90℃温度下会收缩变形，且受湿度的影响很大
	氯纶	耐光性较高，但耐热性差
	丙纶	耐大气老化性能较差，因而其中常加入一定量的光、氧稳定剂，如加入紫外光线吸收剂，其耐气候性可优于锦纶、接近涤纶
塑料制品	聚氯乙烯制品	在光热、氧等环境因素作用下会发生多种化学反应，并且彼此催化，因此，分子内部一旦开始变化，老化反应会不断进行下去，颜色逐渐变深，弹性消失，强度下降，最后硬裂
	聚乙烯制品	热和氧、光和氧联合作用是其老化的主要原因。老化后的聚乙烯制品电性能恶化，介电损耗增大，力学性能下降，弹性丧失，失去透明性，变色、脆化以至龟裂
	聚苯乙烯塑料制品	其软化点低，耐热性差；受到日光的照射作用表面逐渐变黄，进而老化，裂痕加深、变脆，力学性能和电气性能下降
	赛璐珞制品	其所含增塑剂的挥发和升华是其老化的主要原因，同时也受温度和日光照射及受热、水汽和酸性气体的影响，老化变质严重时制品本身会发泡变形，甚至能脆化成豆渣状

三、防止物资老化

从影响物资老化的因素上来说，防止物资老化的主要方法应该是控制氧气、热、日光和水分，其具体措施如图6-4所示。

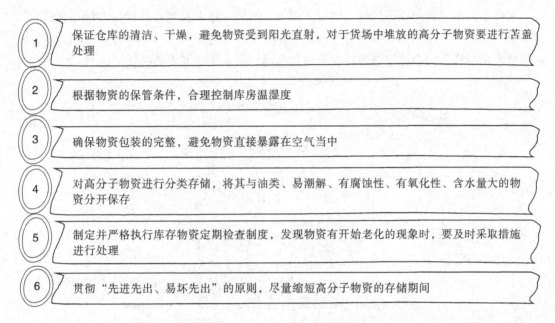

1	保证仓库的清洁、干燥，避免物资受到阳光直射，对于货场中堆放的高分子物资要进行苫盖处理
2	根据物资的保管条件，合理控制库房温湿度
3	确保物资包装的完整，避免物资直接暴露在空气当中
4	对高分子物资进行分类存储，将其与油类、易潮解、有腐蚀性、有氧化性、含水量大的物资分开保存
5	制定并严格执行库存物资定期检查制度，发现物资有开始老化的现象时，要及时采取措施进行处理
6	贯彻"先进先出、易坏先出"的原则，尽量缩短高分子物资的存储期间

图6-4　防止物资老化的措施

在明确物资老化预防措施后，仓库管理人员还向根据物资对环境的适应性差别，对不同类别的物资分类保管。企业中常见的高分子物资主要有橡胶、合成纤维及塑料制品三类，其具体的保管要求如表6-6所示。

表6-6　常见高分子物资的保管要求

物资类型	温度	湿度	其他注意事项
橡胶制品	-10℃～25℃之间，最高不超过35℃	相对湿度宜在60%～80%之间，最高不超过85%	避免雨、雪侵袭，避免日光直晒，窗户玻璃上可涂成蓝色，以阻隔紫外线的进入
合成纤维制品	30℃以下，最高不超过35℃	相对湿度在60%～80%之间，最高不超过85%	不宜存放在露天货场，须注意先进先出，避免储存时间过长
塑料制品	无特殊要求	无特殊要求	避免同其他各种有色织物接触，防止由于颜色的感染发生串色

第三节　储存化学危险品工作中应知应会的 4 个工作小项

化学危险品是指那些本身具有燃烧、爆炸、腐蚀、毒害及放射性等危险性质，因受摩擦、震动、撞击、暴晒或温湿度等外界因素的影响，能够产生危险事故，以致危及生命、财产安全的物资。安全地保管好这些化学危险品，是仓库管理人员必须做好的工作。

一、了解化学危险品的特性

化学危险品按不同危险的属性可以分为易爆炸类物资、易燃烧类物资和易伤害人体的物资三类。

（一）了解易爆炸类物资特性

易爆炸类物资包括爆炸性物资、压缩气体和液化气体、氧化剂与有机过氧化物，其特性如表 6-7 所示。

表 6-7　易爆炸类物资的特性

危险品类型	危险特性	常见物资
爆炸性物资	受热、摩擦、撞击、震动、高热或其他因素的激发，能瞬时产生大量的气体和热量，使周围气压急剧上升发生爆炸，从而对周围环境造成破坏	TNT 炸药、雷管、火药、白磷、黄磷、烟花爆竹等

（续表）

危险品类型	危险特性	常见物资
压缩气体和液化气体	将压缩、液化或加压溶解的气体储存于耐压容器中，受高温或冲击时有泄漏或爆炸可能	液态氢气、液态氮气、液态氧气、液态氯气、摩丝等
氧化剂与有机过氧化物	具有强氧化性，遇热会有分解、燃烧、爆炸等危险，与还原剂、可燃物质接触有爆炸的可能	高锰酸钾、亚硝酸钠、过氧化苯甲酰、氯酸钠、漂粉精、化肥等

（二）了解易燃烧类物资特性

易燃烧类物资包括易燃液体、易燃固体、自燃物资、遇水易燃物资等，其各自的特性如表6-8所示。

表6-8　易燃烧类物资的特性

危险品类型	危险特性	常见物资
易燃液体	在常温下以液体状态存在，遇火容易引起燃烧，一般还具有易挥发、易扩散性，当蒸汽与空气混合后还会有爆炸可能	乙醚、汽油、酒精、丙酮、二甲苯等
易燃固体	燃点低，对热、撞击、摩擦敏感，易被外部火源点燃，且燃烧迅速，当与强氧化剂剧烈反应时有发生燃烧爆炸危险，本身或燃烧产物有毒	赤磷、硫磺、松香、铝粉、镁粉、火柴、含磷的化合物、硝基化合物等
自燃物资	燃点低，不需接触明火自身便会燃烧，凡是能促进氧化作用的一切因素都能促进自燃	黄磷、硝化纤维片基、油布及制品等
遇水易燃物资	遇水或受潮时发生剧烈化学反应，放出大量易燃气体和热量，当达到气体燃点后有爆炸的危险	钠、钾、锂、电石粉、石灰氮等

（三）了解易伤害人体的物资特性

易伤害人体的物资包括毒害性物资、腐蚀性物资及放射性物资，其特性如表6-9所示。

表6-9　易伤害人体的物资特性

危险品类型	危险特性	常见物资
毒害性物资	通过被误服、吸入或皮肤进入人体后，累积达一定的量，会扰乱或破坏人体的正常生理功能，引起暂时或持久性的病理状态，甚至危及生命，部分毒害品还易挥发，或与酸起化学反应，放出剧毒气体	氰化物、氯仿、砒霜、磷化锌、敌敌畏等

（续表）

危险品类型	危险特性	常见物资
腐蚀性物资	能灼伤人体的组织，并对金属造成损坏，其散发的粉尘、烟雾、蒸汽等还会强烈的刺激眼睛和呼吸道	硝酸、磷酸、硫酸、氢氧化钠、氨水、甲醛等
放射性物资	能自发不断地放射出人感觉不到的射线，从而杀死细胞、破坏人体组织，长时间或大剂量照射会引起伤残甚至死亡	放射性同位素、独居石、夜光粉、铀矿等

二、安全搬运化学危险品

由于化学危险品一般都具有对外界因素比较敏感及对人体有伤害的特性，因此在搬运这类物资时要做好搬运人员及物资的防护工作。

（一）做好搬运人员的防护

为了防止危险品泄漏对搬运人员的身体造成损伤，在进行化学危险品的搬运前，仓库管理人员应该采取相应的劳动保护措施。

（1）对搬运人员做好化学物质的安全和技术教育，使其明确所搬运化学品的基本性质，掌握基本的搬运技术及中毒时的急救处理方法。

（2）在搬运化学危险品前，搬运人员要做好自我防护，穿戴防护服、橡皮手套、口罩，必要时佩戴防毒面具，以防止有毒物质侵入。

（3）搬运过程中，搬运人员如果出现恶心、头晕等中毒现象，应立即到新鲜空气处休息，脱去工作服和防护用具，清洗皮肤沾染部分，重者送医院诊治。

（4）搬运工作结束后，搬运人员应根据工作情况和危险品的性质，及时清洗手、脸，漱口或淋浴。切忌工作完毕直接进食饮水。

（5）搬运人员要做好上岗前及定期健康检查。

（二）规范危险物资的搬运

为了防止不合理的搬运对物资造成冲击，搬运人员在对化学危险品进行搬运时应遵守图6-5所示的要求。

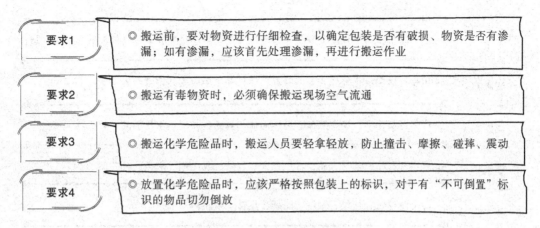

图 6-5　危险物资搬运的要求

三、储存化学危险品

储存化学危险品时，仓库管理人员应该根据其性质，选择适当的仓库，运用合理的堆码方式，对其分区分类储存，具体要求如下所示。

（一）选择存储仓库

由于化学危险品具有易爆炸、易燃烧及有可能会对人员造成危害的特点，因此，仓库管理人员在选择危险品存储仓库时，需要考虑图 6-6 所示的三点内容。

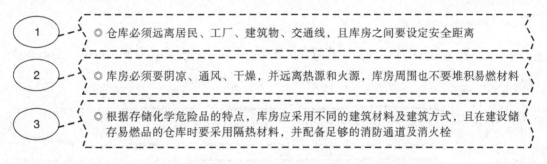

图 6-6　选择存储仓库的要求

（二）分区分类储存

仓库管理人员需将性质各异、互相影响或抵触的化学危险品隔离储存，即使同类物资性质互不抵触，也应该视其危险性的大小和剧烈程度分储，具体要求如图 6-7 所示。

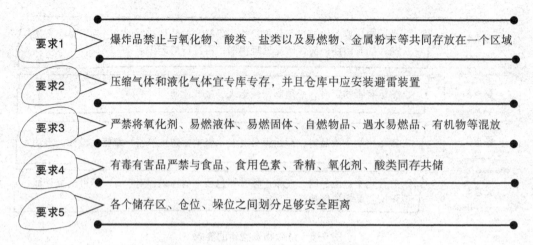

图6-7 化学危险品分区分类储存的要求

（三）加强日常监管

化学危险品储存时，仓库管理人员必须加强日常的监管工作，注意对仓库温度、湿度的控制，经常对物资进行检查，及时发现物资的异变，并做好相应的处理工作。

四、处理化学危险品泄漏

化学危险物品在运输及储存的过程中出现泄漏时，仓库管理人员需按以下要求进行及时、有效的处理。

（一）做好应急处理

发现化学危险品泄漏时，仓库管理人员应根据危险品的性质，做好相应的人身防护措施，再根据现场情况进行应急处理，其具体要求如图6-8所示。

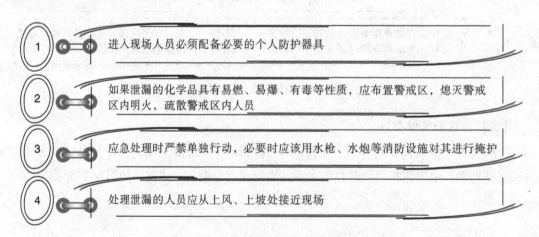

图6-8 化学危险品泄漏的应急处理要求

（二）控制泄漏源

处理危险品泄漏时，处理人员应首先根据接近泄漏点的危险程度、泄漏孔的尺寸、泄漏点实际的或潜在的压力、泄漏物质的特性等因素，采取适当的办法控制化学品的溢出或泄漏，避免化学品的进一步扩散，其具体措施如图6-9所示。

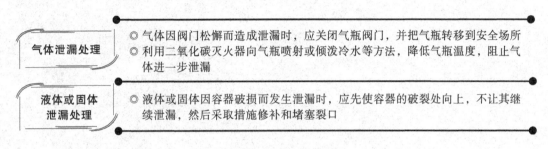

气体泄漏处理
◎ 气体因阀门松懈而造成泄漏时，应关闭气瓶阀门，并把气瓶转移到安全场所
◎ 利用二氧化碳灭火器向气瓶喷射或倾泼冷水等方法，降低气瓶温度，阻止气体进一步泄漏

液体或固体泄漏处理
◎ 液体或固体因容器破损而发生泄漏时，应先使容器的破裂处向上，不让其继续泄漏，然后采取措施修补和堵塞裂口

图6-9 泄漏源控制措施

（三）处理泄漏物

泄漏被控制后，处理人员需及时将现场泄漏物覆盖、收容、稀释、处理，使泄漏物得到安全可靠的处置，防止二次事故的发生。

1. 处理气体泄漏物

气体泄漏时，处理人员应该采取适当措施稀释、中和或驱散已经泄漏的气体。

2. 处理液体泄漏物

液体化学品泄漏到地面上时，处理人员应首先通过筑堤堵截等措施将液体引流到安全地点，防止液体外流，再根据泄漏液体的性质采取适当的方法处理，具体如下所示。

（1）对于流散在地面的可燃液体，应先用黄沙覆盖和围堵，再把含有渗漏液体的黄沙送到安全场所进行处理。

（2）腐蚀性液体渗漏在地面时可用水稀释，用稀碱或稀酸中和，或用干沙、干土吸收。

（3）对于泄漏出的有毒液体，应以沙土、锯末等松软材料吸附后收集，并交给专门处理部门处理。

对于因某些原因无法立即处理的泄漏液体，应该采用泡沫或其他覆盖物品覆盖泄漏的液体，或者采用低温冷却等方法来降低泄漏液体的蒸发。

3. 处理固体泄漏物

处理固体泄漏时，如果泄漏量大，处理人员应该尽量将其回收；对于泄漏的少量物资，应该做深埋处理。

（1）氧化剂泄漏时，处理人员应轻轻将泄漏物扫起，再另行包装，而不得装入原包装内。泄漏出的氧化剂因接触过空气，可能已经发生了变化，因此需要经过检验才能入库。对泄漏的少量氧化剂或残留物应清扫干净，进行深埋处理。

（2）对泄漏的有毒固体，处理人员通常应将其清扫、收集后装入其他容器中，交给相关单位处理，同时对泄漏区域及清扫工具也要做一定的消毒处理。

第七章

物资包装管理

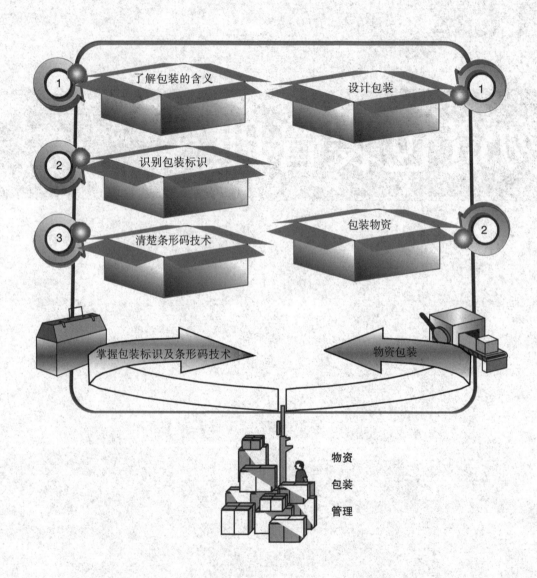

了解包装的含义　　　　设计包装

识别包装标识

清楚条形码技术　　　　包装物资

掌握包装标识及条形码技术　　　　物资包装

物资

包装

管理

第一节 掌握包装标识与条形码技术工作中应知应会的 **3** 个工作小项

一、了解包装的含义

物资包装是指在物资流通过程中用以保护物资、方便运输、促进销售的包装物。根据物资包装在物流及销售中的不同作用，其可分为搬运包装与销售包装两种，具体内容如表7-1所示。

表7-1 物资包装的分类

名称	概念	主要功能	适用范围
搬运包装	又称工业性包装，是为了使物资在装卸、搬运、运输、储存过程中不损坏而进行的保护性外包装	◎ 抵御冲击、挤压等外力损害 ◎ 防止温度、湿度等外界环境因素及微生物、虫鼠等生物损害 ◎ 将物资集中成一个单元，便于装卸、搬运、运输、储存	工农业物资
销售包装	又称商业性包装，是为了能促进商品的销售而进行的商业性销售包装	◎ 弥补搬运包装在防潮、防震、密封等方面的不足 ◎ 美观、新颖、实用、安全、卫生、方便，吸引顾客购买 ◎ 明确商品标识，便于顾客购买	生活消费品

二、识别包装标识

物资包装标识是指印刷、粘贴和书写在物资包装上，以文字、符号和图形等形式标明的标记，用以指明包装内物品的特性和收发事项，以及在运输、装卸、交接、保管和配送等物流过程中的安全要求的记号。包装标识主要有物资包装识别标识、物资包装储运标识和危险货物包装标识三种。

（一）物资包装识别标识

物资包装识别标识是表明包装物内物资特征、收发及运输事项的记号，通常在物资的包装物上用文字、数字及特殊符号标明，具体分为图7-1所示的三类。

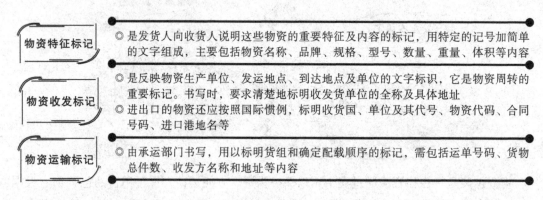

图7-1　物资包装识别标识的分类

（二）物资包装储运标识

物资包装上的储运标识是根据物资的性质，在包装的一定位置上以简单醒目的图案和文字显示货物在运输、搬运、装卸、储存、堆码和开启时应注意的事项。《包装储运图示标志》（GB 191-2000）对标识的名称、图形、尺寸、颜色和使用要求等做了明确规定，具体内容如下所示。

1. 标识的名称及图形

物资包装储运标识有17类，其名称及图示如表7-2所示。

表7-2　物资包装储运标识名称及图形

标识名称	标识图形	含义	物资标识名称	标识图形	含义
易碎物品		包装件内装易碎品，搬运时应小心轻放	禁用叉车		不能用升降叉车搬运的包装件

（续表）

标识名称	标识图形	含义	物资标识名称	标识图形	含义
禁用手钩	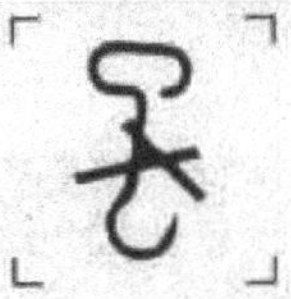	搬运运输包装件时禁用手钩	由此夹起		表明装运货物时夹钳放置的位置
向上		表明运输包装件的正确位置是竖直向上	此处不能卡夹		表明装卸货物时此处不能用夹钳夹持
怕晒		表明运输包装件不能直接照晒	堆码重量极限		表明该运输包装件所能承受的最大重量极限
怕辐射		包装物品一旦受辐射便会完全变质或损坏	堆码层数极限	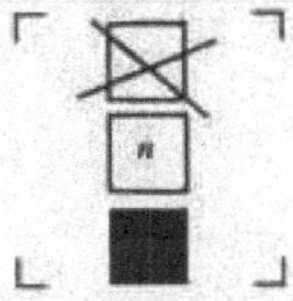	相同包装的最大堆码层数，n 表示层数极限
怕雨		包装件怕雨淋	禁止堆码		该包装件不能堆码且其上也不能放置其他负载
重心		表明一个单元货物的重心	由此吊起	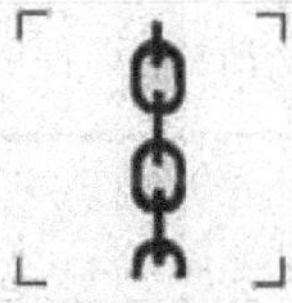	起吊货物时挂链条的位置
禁止翻滚		不能翻滚运输包装	温度极限		表明运输包装件应该保持的温度极限
此面禁用手推车		搬运货物时此面禁放手推车			

139

2. 标识的尺寸

包装储运标识的尺寸一般分为四种，具体如表7-3所示。

表7-3 包装储运标识的尺寸

尺寸序号	长（mm）	宽（mm）
1	70	50
2	140	100
3	210	150
4	280	200
备注	如遇特大或特小的运输包装件，标识的尺寸可以适当扩大或缩小	

3. 标识的颜色

包装储运标识的颜色为黑色，但当包装的颜色使得黑色标识显得不清晰时，应在印刷面上用适当的对比色，一般避免采用易于同危险品标识相混淆的颜色，如红色、橙色或黄色，且最好以白色作为图示标识的底色。

4. 标识的使用要求

企业在物资标识时需遵守标识打印、数目、位置等方面的要求，具体如图7-2所示。

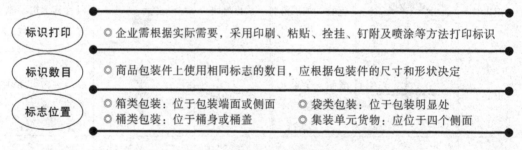

图7-2 标识的使用要求

（三）危险货物包装标识

危险货物包装标识是在物资包装上以特定的标记表明危险货物的类别和性质，以便物流各环节有关人员严格按照作业要求采取防护措施，保证安全。

《危险货物包装标志》（GB 190-1990）对标识的类别、名称、尺寸、图案、颜色和使用方法等都做了明确的确定。

1. 标识的名称及图形

危险货物包装标识分为9类21种，其名称、图形及颜色要求如表7-4所示。

表7-4　危险货物包装标识的名称及图形

标识名称	标识图形	标识名称	标识图形
爆炸品	1.5 爆炸品 1 符号：黑色 底色：橙红色	有机过氧化物	有机过氧化物 5.2 符号：黑色 底色：柠檬黄色
爆炸品	1.4 爆炸品 1 符号：黑色 底色：橙红色	剧毒品	剧毒品 6 符号：黑色 底色：白色
爆炸品	1.5 爆炸品 1 符号：黑色 底色：橙红色	有毒品	有毒品 6 符号：黑色 底色：白色
易燃气体	易燃气体 2 符号：黑色或白色 底色：正红色	有害品（远离食品）	有害品（远离食品）6 符号：黑色 底色：白色
不燃气体	不燃气体 2 符号：黑色或白色 底色：绿色	感染性物品	感染性物品 6 符号：黑色 底色：白色
有毒气体	有毒气体 2 符号：黑色 底色：白色	一级放射性物品	一级放射性物品 7 符号：黑色 底色：白色，且附一条红竖条

标识名称	标识图形	标识名称	标识图形
易燃液体	易燃液体 3 符号：黑色或白色 底色：正红色	二级放射性物品	二级放射性物品 II 7 符号：黑色 底色：上黄下白， 附两条红竖条
易燃固体	易燃固体 4 符号：黑色 底色：白色红条	三级放射性物品	二级放射性物品 III 7 符号：黑色 底色：上黄下白， 附三条红竖条
自燃物品	自燃物品 4 符号：黑色 底色：上白下红	腐蚀品	腐蚀品 8 符号：上黑下白 底色：上白下黑
遇湿易燃物品	遇湿易燃物品 4 符号：黑色或白色 底色：蓝色	杂类	杂类 9 符号：黑色 底色：白色
氧化剂	氧化剂 5.1 符号：黑色 底色：柠檬黄色		

2. 标识的尺寸

危险货物包装标识的尺寸一般分为四种，具体如表7-5所示。

表7-5 危险货物包装标识的尺寸

尺寸/号别	长（mm）	宽（mm）
1	50	50
2	100	100
3	150	150
4	250	250
备注	如遇特大或特小的运输包装件，标识的尺寸可按规定适当扩大或缩小	

3. 标识的使用要求

危险货物包装标识的使用要求如图7-3所示。

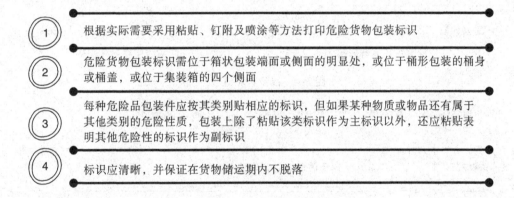

1 根据实际需要采用粘贴、钉附及喷涂等方法打印危险货物包装标识

2 危险货物包装标识需位于箱状包装端面或侧面的明显处，或位于桶形包装的桶身或桶盖，或位于集装箱的四个侧面

3 每种危险品包装件应按其类别贴相应的标识，但如果某种物质或物品还有属于其他类别的危险性质，包装上除了粘贴该类标识作为主标识以外，还应粘贴表明其他危险性的标识作为副标识

4 标识应清晰，并保证在货物储运期内不脱落

图7-3 危险货物包装标识的使用要求

三、清楚条形码技术

条形码技术是在计算机的应用实践中产生和发展起来的一种自动识别技术。它能够实现对信息的自动扫描，是实现快速、准确而可靠地采集数据的有效手段，被广泛地应用于生产、物流及销售等各个领域。

（一）条形码类别

条形码是按规定的编码原则及符号印制标准，将一组宽度不同、反射率不同的条和空组合起来，用以表示一组数据的符号。它可用扫描器阅读、识别、解码并传进计算机。在物资流通过程中，国际通用条形码的编码体系主要包括商品条形码、储运条形码和EAN128码。

1. 商品条形码

商品条形码是用于标识国际通用的商品代码的一种模块组合型条码，用于一般商品，其目的是区别单品，而不是分类。

商品条形码分为标准版商品条形码（EAN13）和缩短版商品条形码（EAN8）。标准版商品条形码通常用于一般商品，由13位数字组成，包括国家代码（3位）、厂商代码（4位）、产品代码（5位）和校验码（1位）；缩短版商品条形码主要用于包装面积或印刷面积不足以印刷标准码的商品，由8位数字组成，只包括国家代码（3位）、产品代码（4位）和校验码（1位），具体如图7-4所示。

图7-4　商品条形码图例

企业确定条形码符号的印刷位置时，需遵守图7-5所示的要求。

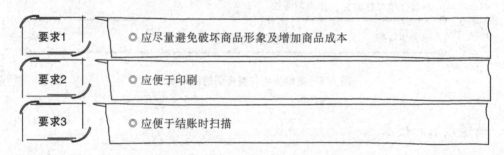

图7-5　确定条形码符号的印刷位置的要求

2. 储运条形码

储运条形码是用在物资装卸、仓储、运输、配送等过程中的识别符号，通常印制或粘贴在包装纸箱的四个立面或相邻两面的外箱上，用来识别物资种类及数量。

储运条形码可分为14位标准码（DUN14）与16位扩大码（DUN16）两种，但若有以重量计算的物资，还可以追加使用6位加长码。

（1）DUN14码。物资储运过程中经常会遇到同一包装内物资数量不同或同一包装中有不同物资组合的情况，此时就必须在商品条形码的基础上加上储运标识码以此识别，从而形成了DUN14码，如图7-6所示。

图7-6　DUN14 码示例图

（2）DUN16 码。当一位储运标识码不够用时，可以将其拓展为 16 位，从而形成了 DUN16 码，其结构如图 7-7 所示。

图7-7　DUN16 码示例图

（3）加长码。在用标准码或扩大码不足以计算物资时，可以用另外 6 位加长码来补足，其结构如图 7-8 所示。

图7-8　加长码示例

3. EAN 128 码

EAN 128 码的编码技术是根据 EAN/UCC 128 码的定义标准，将数据转变成条形码符号，其携带大量的信息，并具有完整性、紧密性、联结性及高可靠性等特点，可实现生产日期、有效日期、运输包装序号、重量、体积等重要信息的自动识别，主要用于物流配送的自动化管理，其示例如图 7-9 所示。

图 7-9　EAN 128 码示例图

（二）了解条形码自动识别系统组成

条形码自动识别系统一般由条形码自动识别设备、条形码自动识别软件两部分组成，具体如表 7-6 所示。

表 7-6　条形码自动识别系统的组成

系统构成	说明
条形码自动识别设备	◎ 主要包括扫描器、译码器及计算机系统 ◎ 扫描器主要有手持式与固定式两种，手持式主要用于物资入出库物资信息的录入，而固定式主要用于物资的摆放及分拣
条形码自动识别软件	◎ 条形码自动识别软件一般包括扫描器输出信号的测量软件、条形码码制软件、扫描方向的识别与逻辑值的判断软件、阅读器与计算机之间的数据通信软件等

（三）条形码自动识别的原理

企业应用条形码技术时，需明确其工作原理。条形码自动识别的工作原理如图 7-10 所示。

扫描器利用光电转化技术，用光源发出的光线照亮条形码符号，测量发射回的光，然后将模拟形式的光波资料转换成数字形式并传给译码器译码

译码器将扫描仪输出的光波信号译制成计算机能够接受的资料信息

计算机系统通过对这些资料的处理，将条形码信息转换为商品信息

图 7-10　条形码自动识别的原理

第二节 物资包装工作中应知应会的 2 个工作小项

一、设计包装

企业在设计物资包装时，需在了解包装的作用、明晰影响包装的因素的基础上，根据物资的特性及储运条件，选择合适的包装方式及材料，具体过程如下所示。

（一）选择包装容器

仓库管理人员需根据物资重量、体积、数量等，选择适当的包装容器。企业常见的包装容器有包装袋、包装盒、包装箱、包装瓶及包装罐五种。

1. 包装袋

包装袋一般采用挠性材料制成，有较高的韧性、抗拉强度和耐磨性。包装袋是筒管状结构，一端预先封死，在包装结束后再封装另一端，一般采用充填操作。包装袋广泛适用于运输包装、商业包装、内装、外装，一般分成表 7-7 所示的三种类型。

表 7-7 包装袋的类型

类型	说明
集装袋	◎ 大容积的运输包装袋，多用聚丙烯、聚乙烯等聚酯纤维纺织而成，盛装重量在 1 吨以上 ◎ 顶部一般装有金属吊架或吊环等，便于铲车或起重机的吊装、搬运，底部有卸货孔，打开后便可卸货，操作方便 ◎ 集装袋适合用作颗粒状、粉状物资的运输包装
一般运输包装袋	◎ 大部分是由植物纤维或合成树脂纤维纺织而成的织物袋，或者由几层挠性材料构成的多层材料包装袋 ◎ 盛装重量是 0.5～100 千克 ◎ 主要用作粉状、粒状和个体小的物资的外包装或运输包装
小型包装袋	◎ 通常由单层材料或双层材料制成，对某些具有特殊要求的包装袋也有用多层不同材料复合而成 ◎ 承重量较少，适合用作液状、粉状、块状和异型物等物资的内部包装或商业包装

2. 包装盒

包装盒所采用的材料有一定挠性，不易变形，有较高的抗压强度，其结构一般是形状规则的立方体，且可根据实际需要制成圆盒状、尖角状等形状。

包装盒适合包装块状及各种异形的物资，但由于其整体强度及包装量都不大，不适合运输包装，主要用于商业包装、内包装。

3. 包装箱

包装箱的结构与包装盒相同，但容积要大于包装盒。一般由刚性或半刚性材料制成，有较高强度且不易变形。

包装箱的整体强度高，抗变形能力强，包装量大，被广泛地使用于固体杂货的运输包装、外包装，常用的包装箱有以下四种。

（1）瓦楞纸箱。瓦楞纸箱是用瓦楞纸板制成的箱形容器，适用于运输包装、销售包装、生产资料包装及生活资料包装。

（2）木箱。木箱是物资运输中常用的一种包装容器，用量仅次于瓦楞箱。它具有防止碰裂、溃散、戳穿的性能，有较大的耐压强度，能承受较大负荷，且制作方便，能装载多种性质不同的物资，但其箱体较重，体积也较大，且本身没有防水性。

（3）塑料箱。塑料箱一般用作小型运输包装容器，它的自重轻、耐蚀性好、可装载多种物资，整体性强，强度和耐用性能满足反复使用的要求，可制成多种色彩以对装载物分类，且其与木箱相比，塑料箱没有木刺、不易伤手，便于手握搬运。

（4）集装箱。集装箱是由钢材或铝材制成的大容积物流装运设备，从包装角度看，它属一种大型包装箱，可归属于运输包装的类别之中，也是大型反复使用的周转型包装。

4. 包装瓶

包装瓶所用材料有较高的抗变形能力，刚性、韧性要求也较高，个别包装瓶形状在受外力时虽可发生一定程度变形，但外力一旦撤除，仍可恢复原来瓶形，其容量一般不大，主要用作液体、粉状货物的商业包装、内包装。

5. 包装罐

包装罐所用的材料强度较高，罐体抗变形能力强，可用于运输包装、外包装，也可用于商业包装、内包装。企业中常见的包装罐主要有三种，具体如图7-11所示。

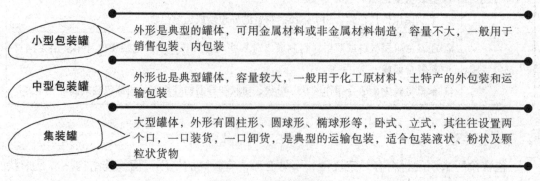

小型包装罐　外形是典型的罐体，可用金属材料或非金属材料制造，容量不大，一般用于销售包装、内包装

中型包装罐　外形也是典型罐体，容量较大，一般用于化工原材料、土特产的外包装和运输包装

集装罐　大型罐体，外形有圆柱形、圆球形、椭球形等，卧式、立式，其往往设置两个口，一口装货，一口卸货，是典型的运输包装，适合包装液状、粉状及颗粒状货物

图7-11　包装罐的种类

（二）进行适当调整

选定包装容器后，仓库管理人员还要根据物资及容器的特性，对包装方法进行适当的调整，主要措施如下所示。

1. 增强包装的抗震性

物资在储运的过程中，受到冲击和震动而造成损失的情况很多。因此，针对易损坏的物资，在设计包装时要采用适当的抗震措施，减少物资受到的冲击。常用的方法如下所示。

（1）填充缓冲材料。填充缓冲材料是指在物资及其外包装之间填充防震材料，如泡沫塑料防震垫、充气型塑料薄膜防震垫和橡胶弹簧，从而减少物资受到的震动。

对于整体性好的物资和有内装容器的物资，企业可以在产品或内包装的拐角或局部地方使用防震材料进行衬垫即可。

（2）采用悬浮式包装。对于某些贵重易损的物品，企业可以采用坚固的外包装容器，然后用绳、带、弹簧等将被装物悬吊在包装容器内，以避免内装物与包装容器发生碰撞，从而减少损坏。

（3）捆扎及裹紧。企业利用捆扎及裹紧使杂货、散货形成一个牢固整体，以增加整体性，便于处理及防止散堆来减少破损。

（4）采用集装技术。企业利用集装减少与货体的接触，从而防止破损。

（5）选择高强保护材料。企业采用高强度的外包装材料防止内装物受外力作用而破损。

2. 增强包装防变质的功能

对于有特殊性质的物资，企业应该采用相应的防护措施，防止物资的性质发生变化，具体措施详见本书第五章及第六章的相关内容。

3. 实行标准化包装

实现包装尺寸的标准化能够提高物资储运效率，降低成本。包装尺寸的设计，如纸箱尺寸的设计，要与托盘、集装箱、运输车辆、货架等各种储运设备联动，从而将包装、运输、装卸、保管等不同环节的机械器具的尺寸设计建立在共同的标准之上。

4. 合理安排包装内物资

为了方便物资储运，可以将多个物资装在同一个包装中，并采用适当的排列方法，以提高单位包装所能容纳的物资数量，具体要求如下所示。

（1）合理摆放不规则物资。对于形状不规则的物资，可以采用适当的组合摆放方法，以增加单位包装所容纳的物资数量。例如对陶瓷用品进行包装时，可以按物资的形状大小错开排列，并充分利用物资之间的空位，将产品中的提手、耳、环等藏进空位中去，充分利用箱装容量。

（2）合理搭配规则物资。对形状规则的物资，可将大小口径相配套，进行套装包装。这样不仅能够节省包装及储运费用，还可以减少空隙，防止物资破损。例如对首饰盒、陶瓷器皿、玻璃杯进行包装时，可以利用产品本身大小形状，采取大套小的方法套在一起。

（3）合理分拆大型物资。对某些体积不规则，占用面积大，但是可拆卸的物资，如家具、医疗器械，可把其中某些部件拆开来装，以便缩小体积。

5. 节省包装材料

企业在物资包装时还需注意包装材料的节省，其具体要求如图 7-12 所示。

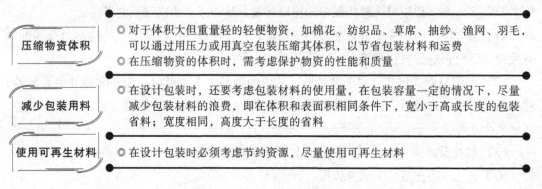

图 7-12　节省包装材料的要求

二、包装物资

物资包装设计完毕后，企业进行物资包装工作，具体的工作程序如下。

（一）挑选包装机械

仓库管理人员在包装物资前，要根据采用的包装材料及方法，选择适合的包装机械。企业中常见的包装机械如下所示。

1. 填充包装类机械

填充包装类机械是指将物资用容器包装起来的机械，主要包括表 7-8 所示的五类。

表 7-8　填充包装类机械的种类

机械类型	说明
装箱机械	◎ 主要用作纸箱包装，其在包装过程中可以边包覆产品边黏合接口
装盒机械	◎ 通过机械取出预制纸盒坯，自动打开装入产品后，使纸坯折盒或上胶粘合。主要用于纸盒供给、产品输送、装填、折盒、成品输出、打印、印刷、封口和检测机构等工作

（续表）

机械类型	说明
装袋机械	◎ 主要结构包括张袋装置、计量装置、填充装置和封袋装置，其能够自动完成打开袋口、填充物料、封口的工作
灌装机械	◎ 用来灌装液体、半液体、固液混合制品
填充机械	◎ 分为直接填充机和制袋填充机两种，用来把干燥粉状、颗粒状、块状产品填充在盒、瓶、罐等容器中

2. 裹包和捆扎机械

裹包和捆扎机械不同于填充机械，它是直接使用包装材料来包装产品的机械，主要包括图 7-13 所示的五类。

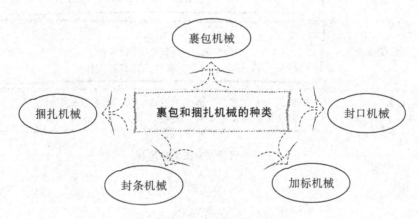

图 7-13 裹包和捆扎机械的种类

3. 特种包装机械

特种包装机械主要包括收缩包装机械、热成型包装机械、拉伸包装机械等三类，具体内容如下所示。

（1）收缩包装机械。收缩包装机械可以对薄膜进行适当加热处理，使薄膜收缩而紧裹物资。使用收缩包装机械进行的包装适合各种形状产品，尤其是不规则的产品包装，包装过程简化，并有紧贴透明、富有弹性、内置物不松动和整洁卫生等良好的包装效果，同时还使包装体积小、成本低，便于进行集装包装。

（2）热成型包装机械。热成型包装机械又称为吸塑包装机械，其根据成型工艺的不同，可分为泡罩式包装机、贴体包装机、热压成型填充机和真空包装机等。使用热成型包装机械进行的包装具有透明美观、防潮隔气、防渗透等方面的优点，其应用范围十分广泛。

（3）拉伸包装机械。拉伸包装机械是通过机械装置在常温下将弹性塑料薄膜围绕着待包装产品拉伸、裹紧，并在末端封合的一种包装机械。

（二）进行包装作业

仓库管理人员在确定包装机械后，需根据图 7-14 所示的程序进行物资包装作业。

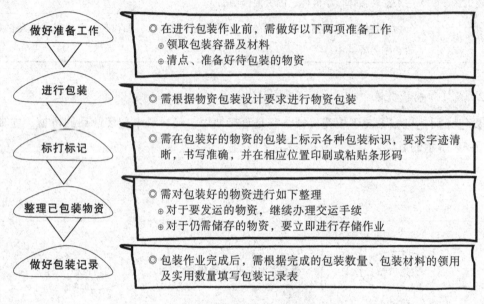

做好准备工作	◎ 在进行包装作业前，需做好以下两项准备工作 　⊕ 领取包装容器及材料 　⊕ 清点、准备好待包装的物资
进行包装	◎ 需根据物资包装设计要求进行物资包装
标打标记	◎ 需在包装好的物资的包装上标示各种包装标识，要求字迹清晰，书写准确，并在相应位置印刷或粘贴条形码
整理已包装物资	◎ 需对包装好的物资进行如下整理 　⊕ 对于要发运的物资，继续办理交运手续 　⊕ 对于仍需储存的物资，要立即进行存储作业
做好包装记录	◎ 包装作业完成后，需根据完成的包装数量、包装材料的领用及实用数量填写包装记录表

图 7-14　包装作业的工作流程

第八章

物资出库管理

物料发放

→ 审核领料单据

→ 控制用料

→ 发放物料

物资出库管理

物资出库

→ 审核出库单据

→ 配货

→ 复核出库物资

→ 发货

第一节 物料发放工作中应知应会的 **3** 个工作小项

一、审核领料单据

（一）了解领料单据

1. 领料单

领料单据是物料发放的凭证手续，在企业中常见的领料单据主要是领料单。领料单分为定额领料单及非定额领料单两种，通常为一式四份，一份存根、一份仓库记账、一份交财务、一份存领料部门。

（1）定额领料单。定额领料单适用于有消耗定额的物料的领用，它通常由供应部门根据生产作业计划和物料消耗定额核算后填制，由领料单位凭单领料或由下料单位领出集中下料，定额领料单可以反复使用，其基本格式如表8-1所示。

表8-1 定额领料单

编号：

领料单位						仓库			
日期	____年__月__日至____年__月__日					物料用途			
计划生产量						实际生产量			
物料名称	物料编号	规格	单位	领用限额	调整后限额	实际耗用			
						数量	单价	金额	
领料记录									
领料日期	请领数量	实发			退料			限额结余	
		数量	发料人	领料人	数量	发料人	领料人		

供应部门：　　　　　　　　仓库：　　　　　　　　领料单位：

（2）非定额领料单。非定额领料单适用于没有消耗定额的物料的领用，是一种一次性使用的领料凭证，它包含的内容及基本格式如表8-2所示。

表8-2　非定额领料单

编号：

领料单位				仓库	
领料日期				物料用途	
物料名称	规格	单位	请发数量	实发数量	备注

生产主管：　　　　　　仓库主管：　　　　领料人：　　　　　发料人：

2. 委托加工物资领料单

企业在生产过程中，由于加工能力和工艺设备条件的限制，往往需要把一些物料送外单位委托加工，委托加工有外拨加工与带料加工两种方式。

（1）外拨加工，是指企业向承接加工单位销售物料，承接加工单位将物料加工为成品后再将其销售给委托企业的一种方式。对于这种物料的出库形式与对外销售基本相同。

（2）带料加工，是指企业向承接加工单位提供生产资料，承接加工单位加工完成后再将成品送回委托企业，并收取一定的加工费用的方式。这种方式出库仓库应凭"委托外部加工发料单"（如表8-3所示）发料。

表8-3　委托外部加工发料单

加工企业：　　　　　　　发料仓库：　　　　　　　　发料日期：＿＿＿年＿＿月＿＿日

合同编号	加工后材料名称规格		计量单位	数量		加工要求	交货日期
材料编号	材料名称	计量单位	数量	材料成本		加工费	运输费	实际成本合计

材料编号	材料名称	计量单位	数量	单价	金额	加工费	运输费	实际成本合计

记账：　　　　　　　　发料：　　　　　　　　　制单：

（二）审核领料单

领料人员需持领料单据到仓库领取物料，而仓库管理人员在发放物料时需对相关领料单据进行审核，以确保物料发放的合理、准确，具体的审核要求如图 8-1 所示。

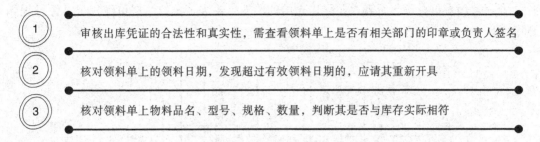

1 审核出库凭证的合法性和真实性，需查看领料单上是否有相关部门的印章或负责人签名

2 核对领料单上的领料日期，发现超过有效领料日期的，应请其重新开具

3 核对领料单上物料品名、型号、规格、数量，判断其是否与库存实际相符

图 8-1　领料单据的审核要求

二、控制用料

仓库管理部门在发放物料时，需同生产管理部门配合，做好生产用料的计划与控制工作。仓库管理部门在控制用料时，最常用的方法是限额发料法，即仓库依据计划部门制定的物料消耗定额，在规定的数额内对车间、部门发料，超过规定数额以后，除非另经批准不再发料，其具体实施程序如图 8-2 所示。

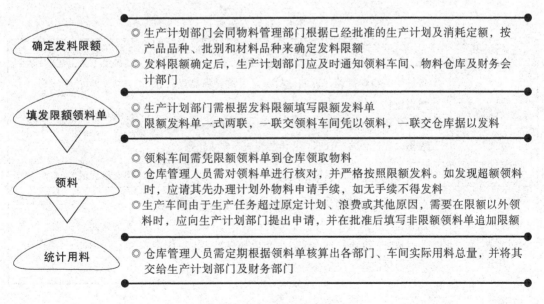

确定发料限额
◎ 生产计划部门会同物料管理部门根据已经批准的生产计划及消耗定额，按产品品种、批别和材料品种来确定发料限额
◎ 发料限额确定后，生产计划部门应及时通知领料车间、物料仓库及财务会计部门

填发限额领料单
◎ 生产计划部门需根据发料限额填写限额领料单
◎ 限额发料单一式两联，一联交领料车间凭以领料，一联交仓库据以发料

领料
◎ 领料车间需凭限额领料单到仓库领取物料
◎ 仓库管理人员需对领料单进行核对，并严格按照限额发料。如发现超额领料时，应请其先办理计划外物料申请手续，如无手续不得发料
◎生产车间由于生产任务超过原定计划、浪费或其他原因，需要在限额以外领料时，应向生产计划部门提出申请，并在批准后填写非限额领料单追加限额

统计用料
◎ 仓库管理人员需定期根据领料单核算出各部门、车间实际用料总量，并将其交给生产计划部门及财务部门

图 8-2　限额发料法的实施程序

三、发放物料

（一）备料

仓库管理人员在备料时需遵照先进先出的原则，要按号找位、据单配货，具体过程如图8-3所示。

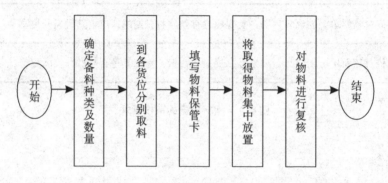

图8-3　备料程序

为确保物料发放的准确性，仓库管理人员根据需准备物料的不同，选择合适的备料方法。企业中常见的备料方法有拆箱拆捆备料、原箱原捆备料、原桩原货垛备料等，其具体内容如表8-4所示。

表8-4　备料方法

备料方法	操作说明	适用范围
拆箱拆捆备料	◎ 备料时将物料拆箱、拆捆，料备好后再对商品进行重新包装 ◎ 在包装内附上装箱单，注明所装物料名称、牌号、规格、数量和装箱日期，并由装箱人签字或盖章	◎ 领取量较小的物料 ◎ 领取量大，但品种多样需拆零配料的
原箱原捆备料	◎ 数量品种搭配需按整箱整捆备齐	◎ 领取量大的物料
原桩原货垛备料	◎ 在货物原堆桩原货垛处，按领料单所需品名、数量点齐，并在原货垛上标出发货量记号 ◎ 待取料时，仓库管理人员在原货垛处只需按事先标定的数量记号将商品点交发放	◎ 发货量是整批数、品种单一的物料

（二）发料

备齐物料后，仓库管理人员需及时、准确发放物料，具体程序如图8-4所示。

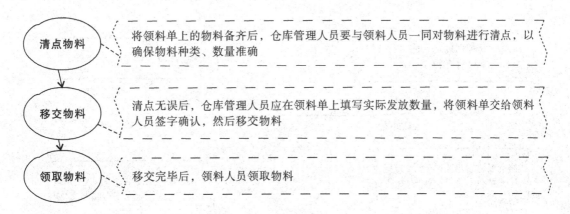

图8-4 物料发放程序

（三）整理记账

物料发放完毕后，仓库管理人员需及时清理发料现场，并根据领料单调整库存账目，使账、物、卡重新达到平衡的状态。

第二节 物资出库工作中应知应会的 4 个工作小项

一、审核出库单据

物资出库时，仓库管理人员需对物资出库单据进行审核，确保物资准确、及时出库。仓库管理人员在接到物资出库单后，需对图8-5所示的内容进行审核。

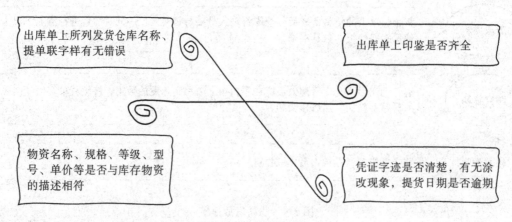

图8-5 出库单据的审核内容

仓库管理人员对上述内容审核无误后，即可组织物资出库。但如果在审核出库单时发现了问题，仓库管理人员应该按照图8-6所示的要求进行处理。

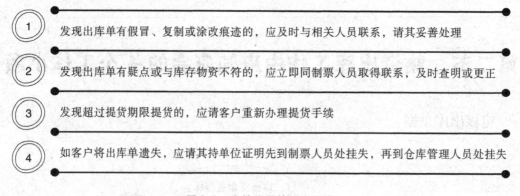

1 发现出库单有假冒、复制或涂改痕迹的，应及时与相关人员联系，请其妥善处理

2 发现出库单有疑点或与库存物资不符的，应立即同制票人员取得联系，及时查明或更正

3 发现超过提货期限提货的，应请客户重新办理提货手续

4 如客户将出库单遗失，应请其持单位证明先到制票人员处挂失，再到仓库管理人员处挂失

图8-6 审核问题的处理要求

二、配货

出库单审核完毕后，仓库管理人员要依照出库单所列内容挑拣出需要出库的物资，完成配货任务。企业中常用的配货方式有拣选式配货、分货式配货、分拣式配货三种，具体如下所示。

（一）拣选式配货

拣选式配货是配货人员依照出库凭证上所示物资巡回于各个储存点，将所需的物品一一取出，从而完成货物配备的方式，其主要适用于图8-7所示的三种情形下的配货。

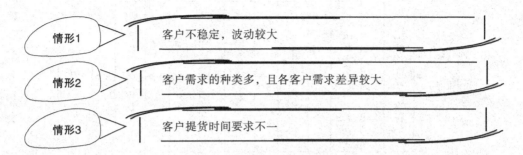

图 8-7　拣选式配货的适用情形

配货人员使用拣选式配货时，需遵循先进先出的原则，做到先进仓库的物资先出库，以确保物资储存的质量，其具体步骤如图 8-8 所示。

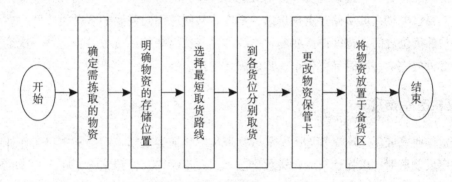

图 8-8　拣选式配货的步骤

（二）分货式配货

分货式配货是配货人员或分货工具从储存点分次集中取出各个客户共同需要的物资，巡回于各客户的指定货位之间，然后将各种物资按用户需要量分别放置的配货方法。分货式配货的适用情形如图 8-9 所示。

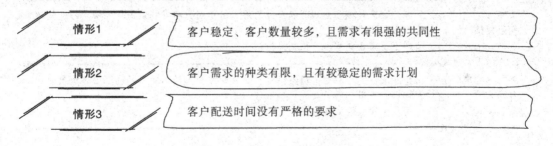

图 8-9　分货式配货的适用情形

分货式配货的具体实施程序如图 8-10 所示。

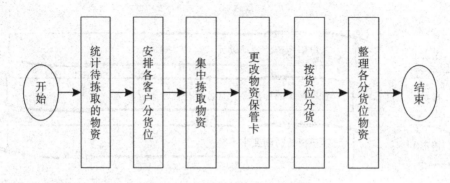

图 8-10　分货式配货的实施程序

（三）分拣式配货

分拣式配货是将拣选式配货与分货式配货一体化的配货方式，是两种典型方式的折中方式，其要求配货人员从储存点拣选出各个客户共同或不同需要的多种类物资，然后巡回于各客户的货位之间，按客户需要的种类和数量拣选出来放入货位，直至这一次取出的所有物资都分放完毕，同时完成各个客户的配货工作。

三、复核出库物资

配货作业完成后，出库管理人员需以物资出库凭证为依据，对物资在出库作业过程的各个工序反复核对，以保证出库物资数量准确、质量完好、包装完善，杜绝差错的发生。

出库管理人员需根据仓库规模、物资性质、技术设备状况以及人员配置情况选择出库复核方式。企业中常用的复核方式有三种，具体如图 8-11 所示。

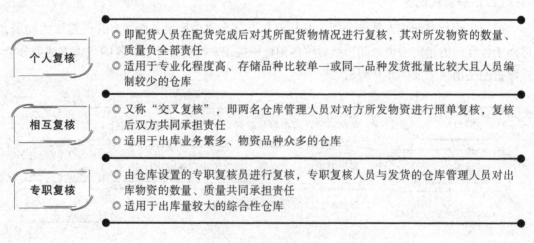

图中内容：

个人复核
◎ 即配货人员在配货完成后对其所配货物情况进行复核，其对所发物资的数量、质量负全部责任
◎ 适用于专业化程度高、存储品种比较单一或同一品种发货批量比较大且人员编制较少的仓库

相互复核
◎ 又称"交叉复核"，即两名仓库管理人员对对方所发物资进行照单复核，复核后双方共同承担责任
◎ 适用于出库业务繁多、物资品种众多的仓库

专职复核
◎ 由仓库设置的专职复核员进行复核，专职复核人员与发货的仓库管理人员对出库物资的数量、质量共同承担责任
◎ 适用于出库量较大的综合性仓库

图 8-11　出库复核方式

出库管理人员在对物资进行复核时，需主要关注物资是否与出库单据相符，同时需确

保物资质量，使得物资能够满足顾客的需要。具体来说，物资出库复核的内容如图 8-12 所示。

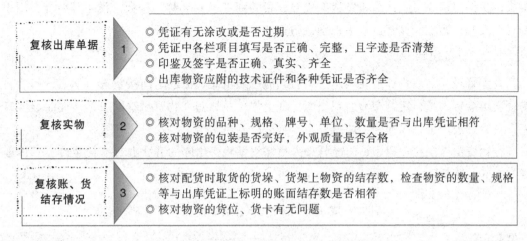

图 8-12　出库复核内容

四、发货

（一）包装物资

为了满足物资在运输途中的要求，降低运输费用、减少运输损耗，并使物资在运输途中易于识别，仓库管理人员在物资出库前需对出库的物资进行适当的包装，具体的包装要求如图 8-13 所示。

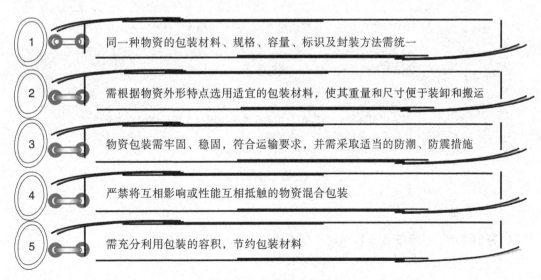

图 8-13　物资包装的要求

包装完毕后，出库管理人员需在物资包装上印刷或标打唛头，并根据需要在相应的位置印刷或粘贴条形码。唛头通常是由一个简单的几何图形和一些字母、数字及简单的文字组成，主要包括收货人代号、发货人代号、目的港（地）名称、件数、批号等内容，用于物资在装卸、运输、保管过程中识别，防止错发错运。

（二）交接出库

仓库管理人员在物资包装刷好唛头后，应按照出库凭证逐笔向接货人员清点，然后将物资交给接货人员，货物交清后在出库凭证上签名并加盖"物资付讫"日戳，同时给接货人开具物资出门证，以便门卫放行。

在物资出库交接过程中，出库管理人员需根据物资出库的方式办理交接手续，具体要求如表 8-5 所示。

表 8-5　物资出库交接要求

出库方式	交接要求
代运出库	◎ 仓库管理人员将包装好的物资交给承运单位，并与承运单位办理委托代运手续
送货出库	◎ 仓库管理人员应向运输人员点清，并办理内部交接手续
自提出库	◎ 仓库管理人员应将物资向提货人当面点清，并办理交接手续

（三）登账

物资出库后，仓库管理人员需根据物资实物、保管卡、账目和档案的变化情况登记库存账目，具体要求如图 8-14 所示。

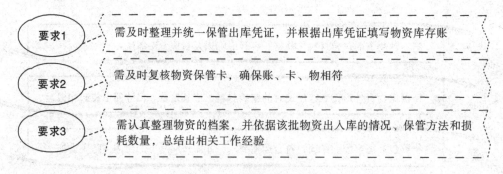

要求1　需及时整理并统一保管出库凭证，并根据出库凭证填写物资库存账

要求2　需及时复核物资保管卡，确保账、卡、物相符

要求3　需认真整理物资的档案，并依据该批物资出入库的情况、保管方法和损耗数量，总结出相关工作经验

图 8-14　出库登账的要求

（四）清理

物资出库后，仓库管理人员还要对物资出库存放现场进行清理。

（1）及时清理物资堆放现场，确保仓库整洁、干净。

（2）及时回收用过的苫垫材料，并妥善保管，以待循环利用。

第九章

智能化仓库与集装箱

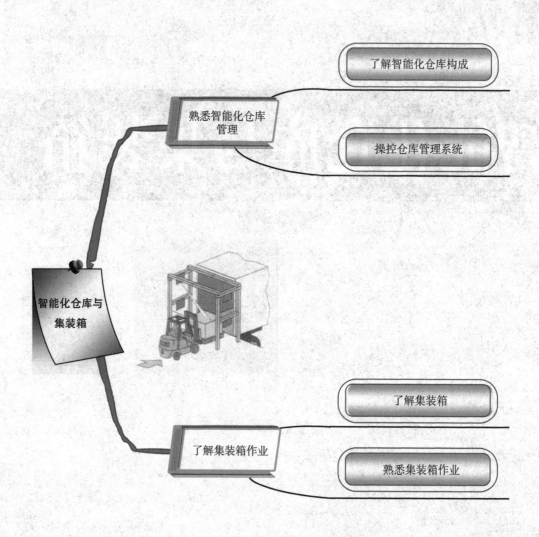

了解智能化仓库构成

熟悉智能化仓库管理

操控仓库管理系统

智能化仓库与集装箱

了解集装箱

了解集装箱作业

熟悉集装箱作业

第一节 熟悉智能化仓库管理应知应会的 **2** 个工作小项

一、了解智能化仓库的构成

现代智能化仓库是一个复杂、综合的自动化系统，它由土建、机械和电气设施、设备，以及各类信息系统所组成，有较高的单位面积存储量，并能够实现货物的快速搬运、堆码、分拣、配送作业，从而提高库存货物的流通效率，降低存货成本。

智能化仓库主要由四部分构成，其结构如图9-1所示。

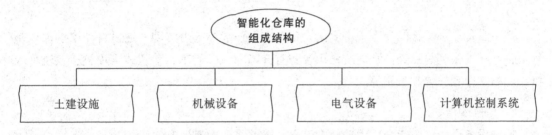

图9-1 智能化仓库的组成结构

（一）土建设施

土建设施是仓库的基础，现代智能化仓库的土建设施主要包括厂房、消防系统、照明系统、通风及采暖系统、动力系统及排水设备、避雷接地设施和环境保护设施等。

（二）机械设备

现代智能化仓库的机械设备主要包括货架、托盘、搬运设备和输送设备四部分，具体内容如下所示。

1. 货架

智能化仓库中主要使用高层货架，它的高度一般在 10~30 米之间，最高可达 40 米，长度一般为高度的 2.5~6 倍，摆放密度较大。企业中常见的高层货架可以分为整体式货架和分离式货架两种，它们各自的特点如表9-1所示。

表9-1 两种高层货架的结构及特点

货架类型	结构	特点
整体式货架	货架与仓库建筑相连接，用作储存商品，并支撑仓库屋架及墙体	◎ 货架的建设费用较低，但建成后很难改建、扩建 ◎ 当货架高度大于 12 米时，一般采用这种货架

（续表）

货架类型	结构	特点
分离式货架	货架置于库房建筑内，只用于存放商品，与库房建筑分离	◎ 投资少，建设周期短，便于改建、扩建 ◎ 当货架高度小于12米时，常采用这种结构

2. 托盘

托盘是指在一件或一组货物下面附加的一块垫板，板下有三条梁，形成两个插口、四向插口，可供叉车的两个叉伸入，将托盘连同货物一同搬运。现代智能化仓库中，商品的装卸、搬运、储存都必须实现全托盘化作业。在我国企业中使用最频繁的托盘的规格有800毫米×1000毫米、800毫米×1200毫米、1000毫米×1200毫米三种。

3. 搬运设备

搬运设备是现代智能仓库中重要的设备，它们一般由电力驱动，通过自动或手动控制将货物从一处搬到另一处。常见的搬运设备有升降梯、搬运车、巷道式堆垛机、双轨堆垛机、无轨叉车和转臂起重机等。

4. 输送设备

输送设备是现代智能仓库中的辅助设备，能够将各物流站有效衔接起来。运输设备主要有输送机及运输车两种，其中，输送机有辊式、链式、轮式、皮带式、滑板式、悬挂式等多种形式，而运输车有自动引导车、有轨小车、梭式小车及其他地面运输车。

（三）电气设备

现代智能化仓库中的电气设备主要包括检测装置、信息识别装置、控制装置、监控及调度设备、计算机管理系统、数据通信设备、大屏幕显示器和图像监视设备八部分，具体如下所示。

1. 检测装置

智能化仓库系统必须具有图9-2所示的检测装置，检测各类物理参数及相应的化学参数，并通过对这些检测数据的判断、处理为系统决策提供最佳依据，使系统处于理想的工作状态。

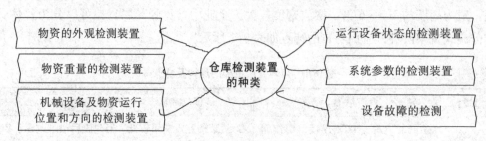

图9-2　仓库检测装置的种类

2. 信息识别装置

在智能化仓库中，信息识别装置用于对货物品名、类别、货号、数量、等级、目的地、生产厂商甚至货位地址等信息的采集与识别，主要有条形码、磁条、光学字符和射频等识别技术。

3. 控制装置

控制装置是有效控制仓库内所用的各类存取、输送设备的装置，可确保智能化仓库的自动运转。企业中常见的有普通开关、继电器、微处理器、单片机及可编程序控制器等。企业通过智能化仓库中的控制系统将控制装置进行适当的组合，从而达到对设备控制的要求。

4. 监控及调度设备

监控及调度设备是智能化仓库的信息枢纽，负责协调系统中各部分的运行，主要用于监控智能仓库中各设备的运行任务、运行路径、运行方向，并根据情况对其进行调度，使其能够按照指挥系统的命令进行货物搬运作业。同时，仓库管理人员还可通过监控系统的监视画面，直观地看到各设备的运行情况。

5. 计算机管理系统

计算机管理系统（主机系统）是自动化仓库的指挥中心，指挥着仓库中各设备的运行。计算机管理系统主要完成整个仓库的账目管理和作业管理，并担负着与上级系统的通信和企业管理系统的部分任务。

一般的智能化仓库管理系统多采用微型计算机为主的系统，对比较大的仓库管理系统也可采用小型计算机。

6. 数据通信设备

在自动化仓库中，为了完成规定的任务，各系统、设备之间要进行大量的信息交换，因此，智能化仓库需要设置高速、稳定的数据通信设备。信息传递的媒介主要有电缆、远红外光、光纤和电磁波等。

7. 大屏幕显示器

自动化仓库中的各种显示设备是为了使人们操作方便，易于观察设备情况而设置的。在操作现场，操作人员可以通过显示设备的指示进行各种搬运拣选，而在中控室或机房，相关人员可以通过屏幕或模拟屏的显示观察现场的操作及设备情况。

8. 图像监视设备

图像监视设备主要是电视监视系统，它是通过高分辨率、低照度变焦的摄像装置对智能化仓库中人身及设备安全进行观察，并对主要操作点进行集中监视的现代化装置。

（四）计算机控制系统

现代智能仓库是一个综合物资供应系统，也是集物资储存、输送、分配等功能于一体的集成自动化系统。该集成自动化系统一般由计算机管理、计算机监控、堆垛机控制、旋转货架控制、输送机控制、机自动分拣控制等子系统构成。

企业通过计算机系统对其他各种设备的控制，以实现仓库管理工作包装标准化、识别条码化、输送机械化、管理微机化和控制自动化。

二、操控仓库管理系统

仓库管理系统（Warehouse Management System，WMS）是一套对智能化仓库进行管理的应用型操作软件，通过对其操作可以高效完成仓储及流通中的主要工作。

（一）知晓仓库管理系统的构成

仓库管理系统软件由许多功能软件子系统组合构成，基本软件情况及构成如表9-2所示。

表9-2　仓库管理系统及其组成

仓库管理系统	入库管理子系统	入库单数据处理（录入）
		条形码打印及管理
		货物装盘及托盘数据登录（录入）
		货位分配及入库指令的发出
		占用的货位重新分配
		入库成功确认
		入库单据打印
	出库管理子系统	出库单数据处理（录入）
		出库项内容生成及出库指令发出
		错误货物或倒空的货位重新分配
		出库成功确认
		出库单据打印

（续表）

		库存管理	货位管理查询
仓库管理系统	数据管理子系统		货物编码查询库存
			入库时间查询库存
			盘点作业
		数据管理	货物编码管理
			安全库存量管理
			供应商数据管理
			使用部门数据管理
			未被确认操作的查询和处理
			数据库与实际不符记录的查询和处理
	系统管理子系统		使用者及其权限设置
			数据库备份作业
			系统通信开始和结束
			系统的登录和退出

1. 入库管理子系统

（1）入库单数据处理（录入）。入库单可包含多份入库分单，每份入库分单可包含多份托盘数据，其结构如图9-3所示。

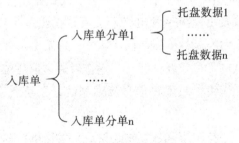

图9-3　入库单数据结构

（2）条形码打印及管理。通过条形码打印及管理，避免条形码的重复，使仓库内的每一个托盘货物的条形码都是唯一的标识。

（3）货物装盘及托盘数据登录（录入）。入库单的库存管理系统可支持大批量的一次性到货，其运作过程主要包括图9-4所示三个步骤。

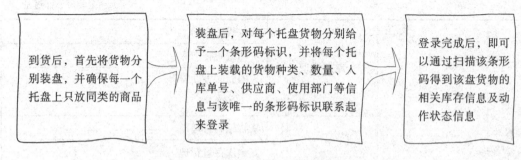

图9-4 货物装盘及托盘数据的登录程序

（4）货位分配及入库指令的发出。托盘资料登录完成后，该托盘即进入待入库状态，系统将自动根据存储规则为每一个托盘分配一个适合的空货位，并向手持终端发出入库操作的要求。

（5）占用的货位重新分配。当所分配的货位实际已有货时，系统会指出新的可用货位，通过手持终端指挥操作的完成。

（6）入库成功确认。从登录完成至手续终端返回入库成功的确认信息前，该托盘的货物始终处于入库状态。直至收到确认信息，系统才会把该盘货物状态改为正常库存，并相应更改数据库的相关记录。

（7）入库单据打印。打印实际收货入库单。

2. 出库管理子系统

（1）出库单数据处理（录入）。制作出库单，每份出库单可包括多种或多数量货物，出库单分为出库单和出库分单，结构与入库单类似，均由手工输入生成。

（2）出库项内容生成及出库指令发出。系统可根据出库单内容以一定规律（如先入先出、就近）生成出库项内容，具体到托盘及货位，并发出出库指令。

（3）错误货物或倒空的货位重新分配。当操作者通过取货位置扫描图确认货物时，如果发现货物错误或实际上无货，只要将信息反馈系统，系统就会自动生成下一个取货位置，指挥完成操作。

（4）出库成功确认。手持终端确认货物无误后，发出确认信息，该托盘货物即进入出库运行中的状态。在出库区现场终端确认出库成功完成后，即可取数据库中的托盘条形码，并修改相应数据库的记录。

（5）出库单据打印。打印与托盘相对应的出库单据。

3. 数据管理子系统

（1）库存管理工作主要包括图9-5所示的四项工作。

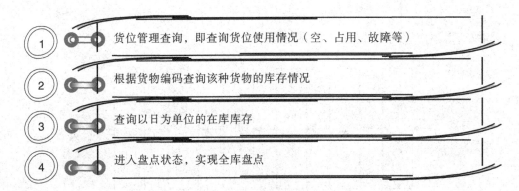

图9-5 库存管理工作事项

（2）数据管理的主要内容如表9-3所示。

表9-3 数据管理的内容

工作内容项	具体说明
货物编码管理	提供与货物编码相关信息的输入界面，如编码、名称、所属部门、单位等的输入
安全库存量管理	提供具体到某种货物的最大库存、最小库存参数设置
供应商数据管理	录入供应商编号、名称、联系方法，供入库单使用
使用部门数据管理	录入使用部门、编号、名称等，供出入库单使用
未被确认操作的查询和处理	提供未被确认操作的查询和逐条核对处理功能
数据库与实际不符记录的查询和处理	逐条提供选择决定是否更改为实际操作的实时记录或手工输入记录

4. 系统管理子系统

系统管理子系统的具体工作主要有如下四项。

（1）使用者及其权限设置。即使用者名称、代码、密码、可使用程序模块的选择。

（2）数据库备份作业。提供存储过程中每日定时备份的数据库或日志。

（3）系统通信开始和结束。因系统有无线通信部分，因此可提供对通信的开始和关闭操作功能。

（4）系统的登入和退出。提供系统登入和退出界面相关信息。

（二）管理系统操作方法

仓库管理系统最重要的操作流程是入库和出库操作流程，其具体的操作方法如下所示。

1. 入库操作

货物入库操作的步骤如图9-6所示。

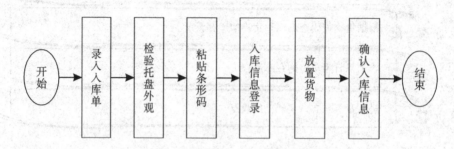

图9-6 智能化仓库入库流程图

（1）录入入库单。入库后，操作人员需录入入库单。每份入库单可包含多种货物，按货物不同又将入库单分成入库分单。

（2）检验托盘外观。货物均放置在托盘上，检验人员需对货物的外观尺寸进行检验，如检验不合格需重新包装。

（3）粘贴条形码。检验人员需在检验合格的托盘上贴上条形码标识。

（4）入库信息登录。扫描托盘条形码，确认货物种类和数量，并将信息传递至计算机系统，以完成托盘条形码与所载货物信息的登录。

（5）放置货物。登录完成的货物托盘由管理系统分配储存货位，自动搬运装置将其放入指定货位，或由管理系统指导操作人员对货物进行摆放，其流程如图9-7所示。

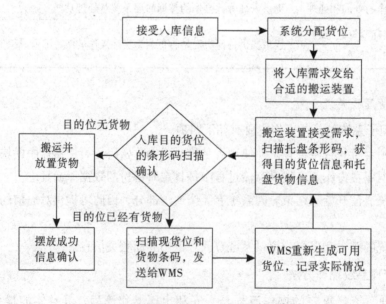

图9-7 智能化仓库货物入库搬运放置流程

（6）确认入库信息。操作成功后，管理系统收到成功确认信息，即会修改数据库相关记录，最终完成一次入库操作。

2. 出库操作

货物出库操作的步骤如图9-8所示。

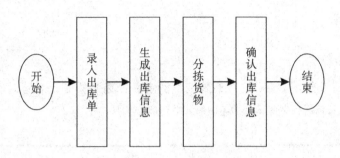

图9-8　智能化仓库出库流程

（1）录入出库单。货物出库时，操作人员首先要将出库单输入操作系统。

（2）生成出库信息。仓库管理系统会根据出库单内容以一定规律生成出库货物项目、出库货位和货位信息。

（3）分拣货物。接到系统生成的出库信息，自动搬运设备自动拣取出库货物，或由操作系统指挥操作人员驾驶机械拣取货物，并将货物运至待出库区，其流程如图9-9所示。

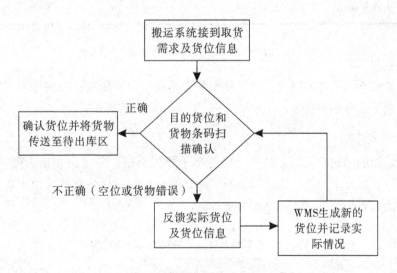

图9-9　智能化仓库货物出库搬运流程

（4）确认出库信息。当货物出库时，出货终端扫描确认并将信息传递给管理系统。系统收到此确认信息后，修改数据库的相关记录。

第二节　了解集装箱作业应知应会的 2 个工作小项

一、了解集装箱

(一) 集装箱界定

根据国际标准化组织（ISO）对集装箱下的定义，集装箱是一种运输设备（不包括车辆或传统包装），其设计应满足图9-10所示的五项要求。

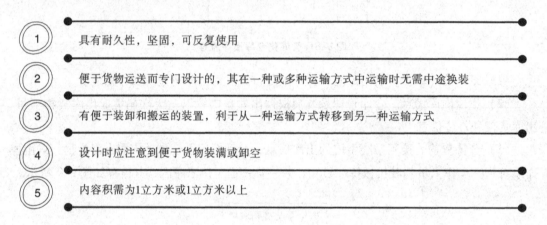

1　具有耐久性，坚固，可反复使用

2　便于货物运送而专门设计的，其在一种或多种运输方式中运输时无需中途换装

3　有便于装卸和搬运的装置，利于从一种运输方式转移到另一种运输方式

4　设计时应注意到便于货物装满或卸空

5　内容积需为1立方米或1立方米以上

图9-10　集装箱的设计要求

为适应装载不同货物的需要，集装箱的种类不同。根据集装箱的用途和材料，其可分为不同的类别，具体如下所示。

1. 按用途分类

根据集装箱的用途不同，集装箱可以分为干货集装箱、开顶集装箱、台架式集装箱、平台式集装箱、通风集装箱、冷藏集装箱、散货集装箱、动物集装箱、罐式集装箱、汽车集装箱，它们各自的特点及适用范围如表9-4所示。

表9-4　不同用途集装箱的特点及适用范围

集装箱类型	特点	适用范围
干货集装箱	也称杂货集装箱，是一种通用集装箱，常用的有20英尺和40英尺两种，其结构常为封闭式，一般在一端或侧面设有箱门	普遍用于装载除液体货、需要调节温度货物及特种货物以外的一般杂货

（续表）

集装箱类型	特点	适用范围
开顶集装箱	也称敞顶集装箱，它没有刚性箱顶，但有可折式顶梁支撑的帆布、塑料布或涂塑布制成的顶篷，其他构件与干货集装箱类似	装载较高的大型货物和需吊装的重货
台架式集装箱	没有箱顶和侧壁，甚至有的连端壁也去掉而只有底板和四个角柱，箱底的强度比普通集装箱大，而其内部高度则比一般集装箱低	适合装载形状不一的货物，不能用于装载无水密性、怕湿的货物
平台式集装箱	比台架式集装箱更加简化，仅保留底板而无上部结构的一种集装箱	装载长、重大件货物，如重型机械、钢材
通风集装箱	在侧壁或端壁上设有通风孔，将通风孔关闭也可作为杂货集装箱使用	装载不需要冷冻而需通风、防止汗湿的货物，如水果、蔬菜
冷藏集装箱	专为运输要求保持一定温度的冷冻货或低温货而设计的集装箱，包括带有冷冻机的内藏式机械冷藏集装箱和没有冷冻机的外置式机械冷藏集装箱	装载鱼虾、肉类及新鲜水果等
散货集装箱	除了有箱门外，在箱顶部还设有 2～3 个装货口，使用时要注意保持箱内清洁干净，两侧保持光滑，便于货物从箱门卸货	装载粉状或粒状货物
动物集装箱	专供装运牲畜的集装箱，箱壁用金属丝网制造，侧壁下方设有清扫口和排水口，并设有喂食装置	装运牲畜及动物
罐式集装箱	专供装运液体货而设置的集装箱，由罐体和箱体框架两部分组成，装货时货物由罐顶部装货孔进入，卸货时则由排货孔流出或从顶部装货孔吸出	装运液体货物，如酒类、油类及液状化工品
汽车集装箱	专为装运小型轿车而设计制造的集装箱，无侧壁，仅设有框架和箱底，可装载一层或两层小轿车，集装箱的制造材料质量轻、强度高、耐用、维修保养费用低	装运小型轿车

2. 按主体材料分类

按照主体材料的不同，集装箱可以分为钢制集装箱、铝制集装箱、不锈钢制集装箱和玻璃钢制集装箱四种，其优缺点如表9-5所示。

表9-5　不同材料集装箱的特点

集装箱类型	制作材料	优点	缺点
钢制集装箱	其框架和箱壁板皆用钢材制	强度高、结构牢、焊接性和水密性好、价格低、不易损坏且易修理	自重大、抗腐蚀性差
铝制集装箱	用钢材做框架，其他部分用铝	自重轻、不生锈、外表美观、弹性好、不易变形	造价高，受碰撞时易损坏
不锈钢制集装箱	不锈钢制作，多为罐式集装箱	强度高、不生锈、耐腐性好	造价较高
玻璃钢制集装箱	钢制框架与玻璃钢复合板组成箱体	隔热性、防腐性和耐化学性均较好，强度大、刚性好，能承受较大应力，易清扫，修理简便	自重较大，造价较高

企业使用集装箱装运货物可提高运输的经济效益及运输的速度，并便于各种运输方式的协作，但是其配套设施的建设所需要的投资数额巨大，因此，集装箱主要被用于数量大、运输周期长的海运中。

（二）集装箱标准

集装箱标准按其使用范围有国际标准、国家标准、地区标准和企业标准四种，具体如下所示。

1. 国际标准集装箱

国际标准集装箱是指根据国际标准化组织（ISO）第104技术委员会制定的国际标准来建造和使用的国际通用的标准集装箱。现行的国际标准为第1系列共13种，其宽度均一样、长度有4种、高度有4种，其具体规格如表9-6所示。

表9-6　国际集装箱现行箱系列表

箱型	长度（毫米）		宽度（毫米）		高度（毫米）		额定重量
	尺寸	公差	尺寸	公差	尺寸	公差	（千克）
1AA	12 192	0～10	2 438	0～5	2 591	0～5	30 480
1A	12 192	0～10	2 438	0～5	2 438	0～5	30 480
1AX	12 192	0～10	2 438	0～5	＜2 438	0～5	30 480

（续表）

箱型	长度（毫米）		宽度（毫米）		高度（毫米）		额定重量（千克）
	尺寸	公差	尺寸	公差	尺寸	公差	
1BB	9 125	0～10	2 438	0～5	2 591	0～5	25 400
1B	9 125	0～10	2 438	0～5	2 438	0～5	25 400
1BX	9 125	0～10	2 438	0～5	<2 438	0～5	25 400
1CC	6 085	0～6	2 438	0～5	2 591	0～5	24 000
1C	6 085	0～6	2 438	0～5	2 438	0～5	24 000
1CX	6 085	0～6	2 438	0～5	<2 438	0～5	24 000
1D	2 991	0～5	2 438	0～5	2 438	0～5	10 160
1DX	2 991	0～5	2 438	0～5	2 438	0～5	10 160
1AAA	12 192	0～10	2 438	0～5	2 896	0～5	30 480
1BBB	9 125	0～10	2 438	0～5	2 896	0～5	25 400

为了便于拼接，各种集装箱的长度是有一定关系的，如图 9-11 所示。

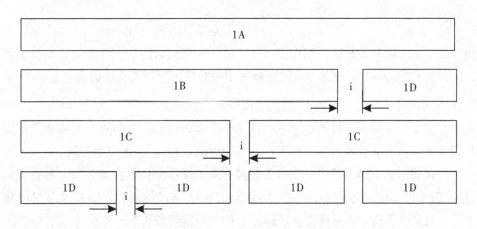

图 9-11　集装箱长度关系

其中，1A 型长度为 12 192 毫米，1B 型长度为 9 125 毫米，1C 型长度为 6 058 毫米，1D 型长度为 2 991 毫米，间距 i 设为 76 毫米。其长度关系如下所示。

1A = 1B ＋ i ＋ 1D = 9 125 ＋ 76 ＋ 2 991 = 12 192（毫米）

1B = 1D ＋ i ＋ 1D ＋ i ＋ 1D = 3 × 2 991 + 2 × 76 = 9 125（毫米）

1C = 1D ＋ i ＋ 1D = 2 × 2 991 ＋ 76 = 6 058（毫米）

2. 国家标准集装箱

国家标准集装箱是各国政府参照国际标准并考虑本国的具体情况而制定的本国的集装

箱标准。《集装箱外部尺寸和额定重量》（GB 1413 – 85）中规定了集装箱各种型号的外部尺寸、极限偏差及额定重量，具体如表9-7所示。

表9-7　我国现行集装箱标准

箱型	长度（毫米）		宽度（毫米）		高度（毫米）		额定重量（千克）
	尺寸	公差	尺寸	公差	尺寸	公差	
1AA	2 591	0～5	2 430	0～5	12 192	0～10	30 480
1A	2 438	0～5	2 438	0～5	12 192	0～10	30 480
1AX	2 438	0～5	2 438	0～5	12 192	0～10	30 480
1CC	2 591	0～5	2 438	0～5	6 058	0～6	20 230
1C	2 438	0～5	2 438	0～5	6 058	0～6	20 230
1CX	2 438	0～5	2 438	0～5	6 058	0～6	20 230
10D	2 438	0～5	2 438	0～5	4 012	0～5	10 060
5D	2 438	0～5	2 438	0～5	1 968	0～5	5 000
备注	10D 和 5D 两种集装箱主要用于国内运输，其他6种为国际标准，用于国际运输						

3. 地区标准集装箱

地区标准集装箱是由地区组织根据该地区的特殊情况制定的，此类集装箱仅适用于该地区，如根据欧洲国际铁路联盟（UIC）所制定的集装箱标准而建造的集装箱。

4. 企业标准集装箱

某些大型集装箱船企业根据本企业的具体情况和条件而制定的集装箱船企业标准，这类集装箱主要在该企业运输范围内使用，如美国海陆公司的35英尺集装箱。

此外，目前世界上还有不少非标准集装箱，例如非标准长度的集装箱主要有美国海陆公司的35英尺集装箱、总统轮船公司的45英尺及48英尺集装箱；非标准高度的集装箱主要有9英尺和9.5英尺两种高度集装箱；非标准宽度集装箱有8.2英尺宽度集装箱。

二、熟悉集装箱作业

装箱是对货物进行集装箱作业的第一步，它主要包括判断货物是否适合集装箱运输、对货物进行装箱作业、做好装箱标记和运输四个步骤，具体如下所示。

（一）判断货物是否适合集装箱运输

企业需对货物特点进行分析，并结合集装箱运输的特点，判断货物是否适合集装箱运输。国际贸易中货物根据集装箱运输的适用性，分为最适合集装化、适合集装化、边缘集装化、不适合集装化四类，具体如表9-8所示。

表9-8 适用货物集装化的类型

货物类型	货物特点	常见货物示例
最适合集装化	货价高运费也较高的货物，其大小、容积与质量可以进行有效的集装化	针织品、酒、医药品、各种小型电器、光学仪器、电视机、收音机、小五金之类
适合集装化	货价、运费较适合，但集装箱化较低的货物	纸浆、天花板、电线、电缆、面粉、生皮、碳精、金属制品等
边缘集装化	货物的大小、重量、包装难于集装箱化或货价和运价都很低的货物	钢锭、生铁、原木等
不适合集装化	不能用集装箱装载运输，或在大量运输时使用专用船反而效率较高的货物	废钢铁、大型卡车、桥梁、铁塔、发电机等

（二）对货物进行装箱作业

企业在对适宜采用集装箱运输的货物进行装箱时，要依据其不同的物理特性进行装箱，具体要求如下所示。

1. 纸箱货物的装箱操作

纸箱是集装箱货物中最常见的一种包装，一般用于包装比较精细的和质轻的货物。企业在进行纸箱货物的装箱操作时，应遵守图9-12所示要求。

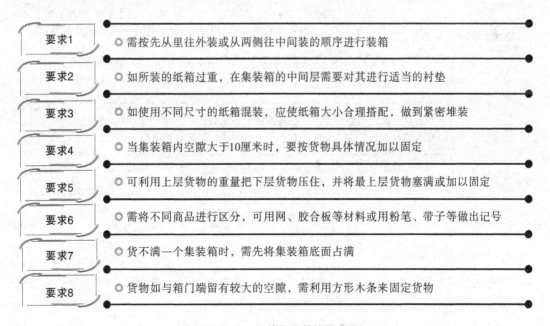

要求1	◎ 需按先从里往外装或从两侧往中间装的顺序进行装箱
要求2	◎ 如所装的纸箱过重，在集装箱的中间层需要对其进行适当的衬垫
要求3	◎ 如使用不同尺寸的纸箱混装，应使纸箱大小合理搭配，做到紧密堆装
要求4	◎ 当集装箱内空隙大于10厘米时，要按货物具体情况加以固定
要求5	◎ 可利用上层货物的重量把下层货物压住，并将最上层货物塞满或加以固定
要求6	◎ 需将不同商品进行区分，可用网、胶合板等材料或用粉笔、带子等做出记号
要求7	◎ 货不满一个集装箱时，需先将集装箱底面占满
要求8	◎ 货物如与箱门端留有较大的空隙，需利用方形木条来固定货物

图9-12 纸箱货物装箱要求

2. 木箱货物的装箱操作

木箱的种类较多，尺寸和重量各异，其装载和固定时应注意下列问题。

（1）装载比较重的小型木箱时可采用骑缝装载法，使上层的木箱压在下层两木箱的接缝上，最上一层必须加以固定或塞紧。

（2）重心较低的重、大木箱只能装一层且不能充分利用箱底面积时，应装在集装箱的中央，底部横向必须用方形木条加以固定。

（3）对于重心高的木箱，紧靠底部固定是不够的，还必须在上面用木条撑紧。

（4）装载特别重的大型木箱时，必须有专用的固定设施，避免货物与集装箱前后端壁接触。

（5）装载框箱时，通常是使用钢带拉紧，或用具有弹性的尼龙带或布带来代替钢带。

（6）装载小型木箱时，如箱门端留有较大的空隙，则必须利用木板和木条加以固定或撑紧。

3. 货板货的装箱操作

货板上通常用来装载纸箱货和袋装货，其装载及固定要求如图9-13所示。

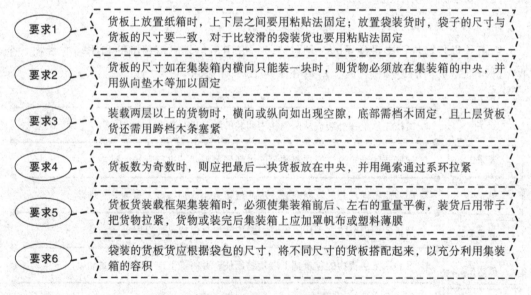

要求1	货板上放置纸箱时，上下层之间要用粘贴法固定；放置袋装货时，袋子的尺寸与货板的尺寸要一致，对于比较滑的袋装货也要用粘贴法固定
要求2	货板的尺寸如在集装箱内横向只能装一块时，则货物必须放在集装箱的中央，并用纵向垫木等加以固定
要求3	装载两层以上的货物时，横向或纵向如出现空隙，底部需档木固定，且上层货板货还需用跨档木条塞紧
要求4	货板数为奇数时，则应把最后一块货板放在中央，并用绳索通过系环拉紧
要求5	货板货装载框架集装箱时，必须使集装箱前后、左右的重量平衡，装货后用带子把货物拉紧，货物或装完后集装箱上应加罩帆布或塑料薄膜
要求6	袋装的货板货应根据袋包的尺寸，将不同尺寸的货板搭配起来，以充分利用集装箱的容积

图9-13 货板货的装箱要求

4. 捆包货的装箱操作

捆包货包括纸浆、板纸、羊毛、棉花、棉布、其他棉织品、纺织品、纤维制品以及废旧物料等，其平均每件重量与容积常比纸箱货及小型木箱货大。

一般捆包货都用杂货集装箱装载，其捆包或装载时需要用厚木板衬垫，且需横向或竖向装在集装箱中，以充分利用集装箱箱容。

5. 袋装货的装箱操作

袋装货即用麻袋、布袋、塑料袋等进行包装的货物，主要有粮食、咖啡、可可、废料、水泥、粉状化学药品等，其装载要求如图9-14所示。

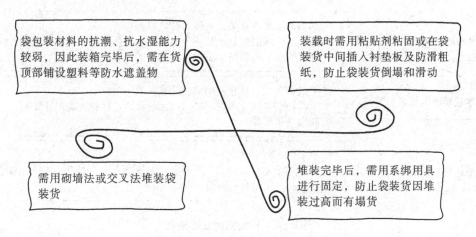

袋包装材料的抗潮、抗水湿能力较弱，因此装箱完毕后，需在货顶部铺设塑料等防水遮盖物

装载时需用粘贴剂粘固或在袋装货中间插入衬垫板及防滑粗纸，防止袋装货倒塌和滑动

需用砌墙法或交叉法堆装袋装货

堆装完毕后，需用系绑用具进行固定，防止袋装货因堆装过高而有塌货

图9-14 袋装货的装箱要求

6. 滚筒货的装箱操作

滚筒货指卷纸、卷钢、钢丝绳、电缆、盘元等卷盘货或塑料薄膜、柏油纸、钢瓶、轮胎、瓦管等滚动货。滚筒货装箱时需注意消除其滚动的特性，其装载的具体要求如图9-15所示。

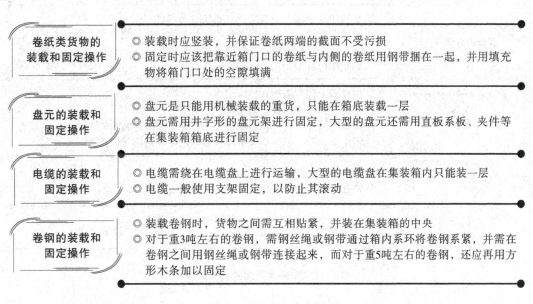

卷纸类货物的装载和固定操作
◎ 装载时应竖装，并保证卷纸两端的截面不受污损
◎ 固定时应该把靠近箱门口的卷纸与内侧的卷纸用钢带捆在一起，并用填充物将箱门口处的空隙填满

盘元的装载和固定操作
◎ 盘元是只能用机械装载的重货，只能在箱底装载一层
◎ 盘元需用井字形的盘元架进行固定，大型的盘元还需用直板系板、夹件等在集装箱箱底进行固定

电缆的装载和固定操作
◎ 电缆需绕在电缆盘上进行运输，大型的电缆盘在集装箱内只能装一层
◎ 电缆一般使用支架固定，以防止其滚动

卷钢的装载和固定操作
◎ 装载卷钢时，货物之间需互相贴紧，并装在集装箱的中央
◎ 对于重3吨左右的卷钢，需钢丝绳或钢带通过箱内系环将卷钢系紧，并需在卷钢之间用钢丝绳或钢带连接起来，而对于重5吨左右的卷钢，还应再用方形木条加以固定

图9-15 滚筒货的装箱要求

7. 桶装货的装箱操作

桶装货是用铁桶、木桶、纸板桶等盛装的货物，一般包括各种油类、液体和粉末类的化学制品、酒精、糖浆等，其装载与固定要求如图9-16所示。

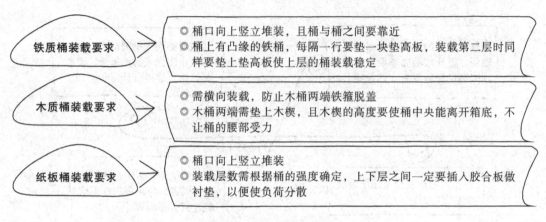

铁质桶装载要求
◎ 桶口向上竖立堆装，且桶与桶之间要靠近
◎ 桶上有凸缘的铁桶，每隔一行要垫一块垫高板，装载第二层时同样要垫上垫高板使上层的桶装载稳定

木质桶装载要求
◎ 需横向装载，防止木桶两端铁箍脱盖
◎ 木桶两端需垫上木楔，且木楔的高度要使桶中央能离开箱底，不让桶的腰部受力

纸板桶装载要求
◎ 桶口向上竖立堆装
◎ 装载层数需根据桶的强度确定，上下层之间一定要插入胶合板做衬垫，以便使负荷分散

图9-16 桶装货的装箱要求

8. 各种车辆的装箱操作

除了专门用来装载小型汽车的集装箱外，对于各种叉式装卸车、拖拉机、推土机及压路机等特种车辆的运输，通常采用台架式及平台式集装箱来装载，其装载要求如图9-17所示。

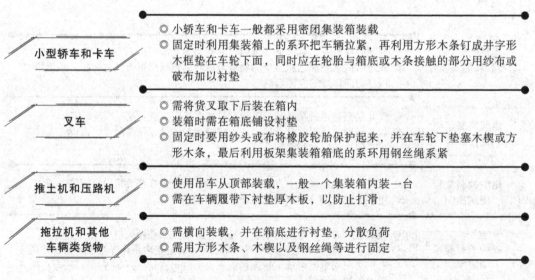

小型轿车和卡车
◎ 小轿车和卡车一般都采用密闭集装箱装载
◎ 固定时利用集装箱上的系环把车辆拉紧，再利用方形木条钉成井字形木框垫在车轮下面，同时应在轮胎与箱底或木条接触的部分用纱布或破布加以衬垫

叉车
◎ 需将货叉取下后装在箱内
◎ 装箱时需在箱底铺设衬垫
◎ 固定时要用纱头或布将橡胶轮胎保护起来，并在车轮下垫塞木楔或方形木条，最后利用板架集装箱箱底的系环用钢丝绳系紧

推土机和压路机
◎ 使用吊车从顶部装载，一般一个集装箱内装一台
◎ 需在车辆履带下衬垫厚木板，以防止打滑

拖拉机和其他车辆类货物
◎ 需横向装载，并在箱底进行衬垫，分散负荷
◎ 需用方形木条、木楔以及钢丝绳等进行固定

图9-17 车辆类货物的装箱要求

（三）做好装箱标记

将货物装进集装箱后，仓库管理人员还要按照国际标准化组织制定的集装箱标记准则，对集装箱进行标记，以便于集装箱在流通和使用中的识别和管理。

国际标准化组织规定的标记有必备标记和自选标记两类，每一类标记中又分为识别标记和作业标记，其具体的说明如表 9-9 所示。

表 9-9　集装箱标记

标记名称			具体说明
必备标记	识别标记	箱主代号	箱主代号由四个大写的拉丁文字母表示，前三位由箱主自己规定，第四个字母一律用"U"表示
		顺序号	又称箱号，由六位阿拉伯字母组成。如不是六位时，则在有效数字前用"0"补足六位，如"053842"
		核对数字	用来核对箱主代号和顺序号记录是否准确，位于箱号后，以一位阿拉伯数字加一方框表示
	作业标记	额定重量和自定重量标记	额定重量即集装箱总重，自重即集装箱空箱质量（或空箱重量），ISO 688 规定应以千克和磅同时表示
		空陆水联运集装箱标记	需在集装箱侧壁和端壁的左上角用规定的黑色标记标明，该标记的最小尺寸为：高 127 毫米，长 355 毫米，字母标记的字体高度至少为 76 毫米
		登箱顶触电警告标记	该标记为黄色底各色三角形，一般设在罐式集装箱和位于登箱顶的扶梯处，以警告登箱顶者有触电危险
自选标记	识别标记	国家和地区代号	用代号标明集装箱所属的国家，如中国用 CN，美国用 US
		箱型代码	标明集装箱的尺寸和类型
	作业标记	超高标记	凡高度超过 2.6 米的集装箱应贴上此标记，标记为在黄色底上标出黑色数字和边框，贴在集装箱每侧的左下角，距箱底约 0.6 米处，并位于集装箱主要标记的下方
		国际铁路联盟标记	该标记是在欧洲铁路上运输集装箱的必要通行标记，凡符合《国际铁路联盟条例》规定的集装箱，可以获得此标记

（四）运输

集装箱运输是物流集装箱化的核心和主要环节，主要有铁路运输、水路运输、公路运输和集装箱联运四种。仓库管理人员要了解各种运输方式，并根据需要选择恰当的运输方式。

1. 铁路集装箱运输

我国铁路运输使用的集装箱与国际通用的集装箱箱型有较大差别，1 吨、5 吨、10 吨的小型箱占主导地位，而国际通用的 20 英寸、40 英寸箱所占比重不大。办理铁路集装箱运输的步骤包括图 9-18 所示的三步。

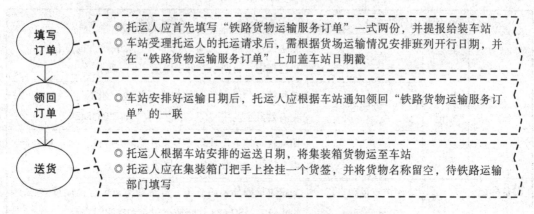

图 9-18　铁路集装箱运输托运办理程序

2. 水路集装箱运输

水路集装箱运输基本上都采取定线班轮的形式，其托运步骤与铁路运输基本相同，但是其具有如下特点。

（1）班期固定。水路集装箱运输根据货流的密度、周期等定期起航，船期准确，适宜联运和取运货计划的安排。

（2）干线支线配合密切。水路集装箱运输在运输时可只在少数大的装卸港口停靠，而对于比较小的港口则依靠支线运输进行集散，以减少停靠港口数量，加快货物的传达速度并提高各种设备的利用率。

（3）集团经营。同一航线上的公司之间一般都进行联合经营，以分担经营风险，确保收益最大化。

3. 公路集装箱运输

公路集装箱运输是完成短途运输或接取送达运输，并实现门到门的运输服务的主要方法，它在短途集装箱运输中起着重要的作用。

公路集装箱运输车辆通常为单车型式或牵引车加半挂车的列车组合型式，其中半挂车又分为框架式、平板式和自装自卸式。

4. 集装箱联运

集装箱联运即铁路、公路、水路联运集装箱，且一般由运程较长的一方、专业集装箱运输公司或联运组织主办，实现门到门的物流集装箱化。联运主要有陆桥运输、集散运输、接取送达三种，具体如表9-10所示。

表9-10　集装箱联运方式

联运方式	具体说明
陆桥运输	◎ 以陆运连接两个水域的联运 ◎ 同单纯的水运或陆运相比，此种方式可以缩短运输距离，降低运输价格，减少运输时间
集散运输	◎ 由集装箱港口集中集装箱，并通过铁路、内河、公路、沿海水运集散至内陆货运站或沿海、内河港口的联运
接取送达	◎ 从车站或港口将集装箱送到货主处或者从货主处将箱子送到车站、港口的接取送达，是铁路或水运与城市交通系统之间的集装箱联运

第十章

仓库安全管理

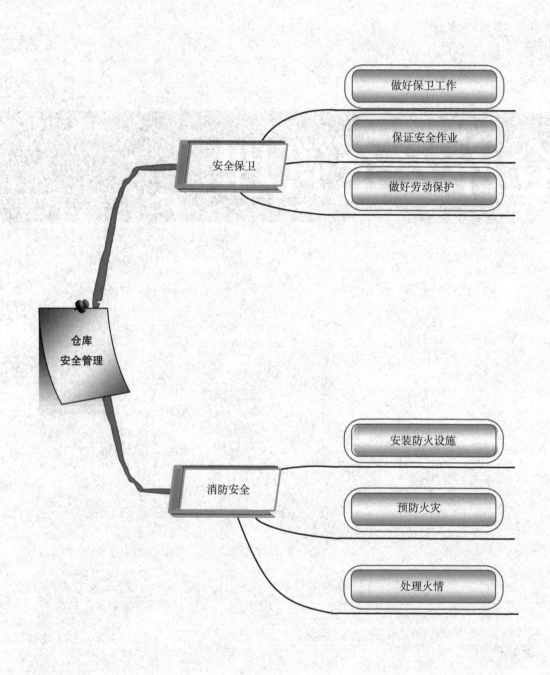

第一节　安全保卫工作中应知应会的3个工作小项

一、做好保卫工作

仓库保卫工作是仓库安全管理的重要方面，它要求仓库管理人员提高警惕，采取相应的措施防止事故的发生，保卫仓库及储存物资的安全。

（一）设立保卫机构

仓库的保卫工作是仓库安全管理的一个重要组成部分，它关系到整个仓库人员、财产及物资的安全。为了有效地实施仓库的保卫工作，仓库必须成立专门的保卫机构。

仓库保卫机构的规模应当根据仓库规模的大小、生产的特点、所储存物资的重要程度而确定。小型仓库可以不必单独设立保卫部门，只要配备专职或兼职的保卫人员即可。

仓库保卫机构的工作应该在本企业主管部门的领导下进行，并在业务上受公安机关和上级保卫部门的双重领导。

（二）明确工作职责

安全保卫工作的主要内容是严防破坏、盗窃、灾害性事故的发生，维护仓库内部的治安秩序，保证仓库及库存物资的安全，其具体的工作职责如表10-1所示。

表10-1　安全保卫工作职责

职责大项	职责概述	职责细分
做好警卫工作	负责仓库日常的警戒，做好仓库的守卫工作	◎ 掌握出入库人员的情况，并对出入库人员进行登记，阻止非仓库人员进入仓库 ◎ 严禁将火种、易燃、易爆等危险品带进仓库 ◎ 核对出库凭证，检查出库物资与出库凭证是否相符，并做好相应记录 ◎ 轮流守卫仓库，防范非法分子和破坏活动，确保仓库的安全
做好保卫工作	负责仓库的防灾工作，预防并处理各类突发事件	◎ 对仓库中的设施、人员及存储物资的安全负责，消除各种不安全隐患，确保仓库的安全 ◎ 负责开展安全生产教育，提高仓库作业人员的安全意识 ◎ 全面落实防台风、防汛、防暑降温、防寒防冻等工作，以保障仓库及存储物资的安全 ◎ 配合消防部门进行消防训练和消防安全竞赛 ◎ 积极完成上级领导和公安机关交办的各项治安保卫工作 ◎ 定期对仓库的安全工作进行总结，并提出改进意见

（三）遵守岗位规范

仓库保卫人员应遵守岗位职责，坚守岗位，在恪尽职守的基础上做到文明上岗。

1. 遵守作息时间

仓库保卫人员必须严格遵守仓库保卫制度，坚守岗位，工作时间不得随意离开仓库，有事外出时必须请假并获得批准。

为保证保卫人员的休息，仓库可设立专供保卫人员休息的保卫室，并采用三班轮休的方法。

2. 遵守检查制度

仓库保卫人员应熟悉仓库的工作人员、证件和出库手续，并严格按照制度进行各项检查，对外来人员、车辆进行登记；对物资出库凭证及出库物资进行仔细核对；对仓库安全定期检查，并详细地记录检查情况。

3. 保护仓库安全

仓库保卫人员还要熟悉仓库附近的环境，当发现并对不法分子进行打击时，做到心中有数，临危不乱。

4. 做到文明上岗

保卫人员除了要履行自己的主要职责外，还要严格遵守保卫人员的文明岗位规范。

（1）保卫人员当班必须着装整齐、统一标识、仪容整洁、坚守岗位。

（2）保卫人员当班必须热情服务、举止文明、礼貌待人、语言规范。

（3）保卫人员要实行文明站岗执勤，及时指挥车辆、人员进出，保持仓库通道畅通，停车摆放整齐。

（4）保卫人员必须保持保卫室的干净、整洁，当班人员的生活用品（茶杯、面盆、毛巾等）应放置整齐，周围环境应整洁有序。

（5）保卫室不得兼作其他场所，不得放置无关物品，无关人员不得进入保卫室内闲谈聊天。

二、保证安全作业

安全作业管理是仓库安全管理的一个重要方面，关系到仓库作业的效率及仓库工作人员的人身安全，其主要工作要求是物资装卸安全、储存安全及运输安全。

（一）安全装卸

仓库装卸物资主要分为人力装卸和机械装卸两种，其安全装卸操作要求如表10-2所示。

表 10-2　安全装卸操作要求

装卸方式	安全操作要求
人力装卸	◎ 仅限轻负荷物资的装卸，并尽可能采用人力与机械合作作业 ◎ 适合在安全环境中进行作业 ◎ 作业人员需按要求穿戴相应的安全防护用具，并使用适当的装卸工具 ◎ 作业人员需合理安排休息时间 ◎ 作业时需有专人在现场严格按照安全规范进行安全指导及作业指挥
机械装卸	◎ 操作人员需根据装卸需要选择合适的机械、设备进行装卸作业 ◎ 操作人员需对设备定期检查，保证所使用的设备运行良好 ◎ 操作人员必须具备相应的操作技能及资格，并严格遵守操作标准 ◎ 采用机械作业时，需有专人指挥

（二）安全储存

安全储存指仓库内物资的储存保养安全，其要求如图 10-1 所示。

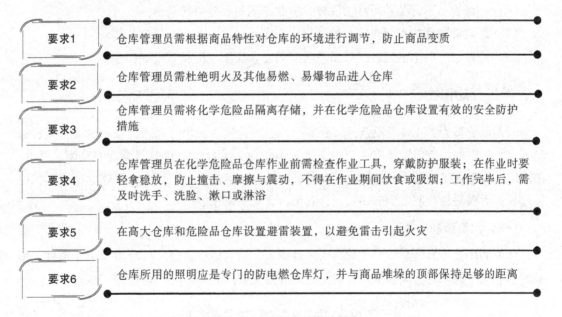

图 10-1　仓库安全储存的要求

（三）安全运输

1. 装载物资的基本要求

（1）运载车辆不得超载。

（2）车辆装载货物的高度、宽度和长度应按交通管理部门的规定执行。

（3）装载货物必须均衡平稳、捆扎牢固，车厢侧板和后栏板要关好、栓牢；货物长度超过后栏板时，不得遮挡号牌、转向灯、尾灯和制动灯。

（4）装载散装或液态货物时，货物不得散落、飞扬或滴漏车外。

2. 装载化学危险品应注意的问题

（1）化学危险品的载运必须经企业交通安全管理部门和保卫部门批准，按指定的线路在指定的时间内行驶。

（2）装载化学危险品的货车必须由有经验的驾驶员驾驶，并选派熟悉危险品性质和有关安全防护知识的人员押运。

（3）运载车辆必须配备与危险品性质相对应的防护和消防器材，车厢两端上方须有危险标志。

（4）在货车排气管消音器处装设火星罩，易燃易爆品专用货车的排气管应装在车厢前一侧，向前排气。

（5）装载液态和气态易燃易爆品的罐车必须挂接地静电导链；装载液化气体的车辆应有防晒装置。

（6）有毒物品不得与其他货物混装，装载车辆用后应清洗消毒。

（7）运载危险品的车辆在行驶的过程中应尽量保持匀速，不得紧急制动。

（8）两台以上的车辆同时运载易燃易爆品时，应至少保持 50 米的距离。

三、做好劳动保护

劳动保护是为了改善劳动条件，提高生产的安全性，保护劳动者的身心健康，减轻劳动强度所采取的相应措施及有关规定。除了为作业人员提供并督促其穿戴安全帽、手套、工作服、高强度工作鞋等劳动防护用品外，仓库还要通过改善工作条件及建立健全的保障制度这两方面来加强职工的劳动保护，具体内容如下所示。

（一）改善劳动条件

仓库的环境是影响仓库职工健康的主要因素。适当地改善仓库的环境及卫生条件，能够起到对职工健康的有效保护。劳动条件的改善主要从表 10-3 所示的三个方面展开。

表 10-3 劳动条件改善的内容及措施

改善内容	措施
防止粉尘的危害	◎ 尽量使用机械代替人工操作，如使用高密封性的装卸及搬运设备或使用管道输送散装物资 ◎ 在仓库安装吸尘、滤尘和通风设备，减少仓库中的粉尘含量 ◎ 为长期在粉尘较多的仓库中作业的职工配置相应的防护用具，并监督防护用具的使用情况

（续表）

改善内容	措施
防止化学 危险品的 危害	◎ 加强仓库的通风排气，控制仓库的温湿度变化 ◎ 对所储存的危险品进行妥善的保管，定期对其状况进行检查 ◎ 对各种防护用品定期检查，停用并及时更换失效或不合格的用品 ◎ 在储存化学危险品的仓库中进行作业时，需监督作业人员严格遵守安全操作规范，并佩戴必要的防护用具
防止天气 的危害	◎ 气温过高时，仓库应采取降温措施，提供防暑用品，防止职工中暑 ◎ 气温过低时，仓库要加强防冻措施，为职工设置取暖的场所，并为露天作业的职工配备防寒服装 ◎ 在雨、雪、大风天气下作业时，仓库要为职工准备必需的防护用具，加强作业的安全性，并保护职工的安全

（二）建立劳动保护制度

在改善仓库职工劳动条件的基础上，仓库还要建立完善的劳动保护制度，加强仓库的安全管理。常见的劳动保护制度的内容及要求如图 10-2 所示。

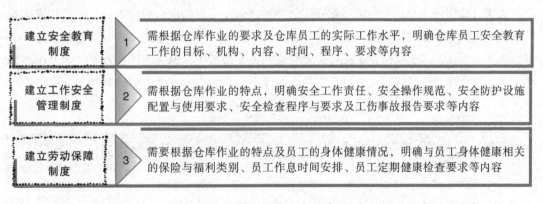

图 10-2　劳动保护制度的内容及要求

第二节　消防安全工作中应知应会的 3 个工作小项

仓库是物资高度集中的地方，一旦发生火灾，损失往往十分严重。因此，仓库需做好消防工作。

一、安装防火设施

仓库消防设施主要包括火灾自动报警系统、给水装置、灭火器等用于防范及扑救火灾的设备。

（一）安装火灾自动报警系统

火灾自动报警系统是为了早期发现和通报火灾，并及时采取有效措施控制和扑灭火灾，而设置在建筑物中或其他场所的自动消防设施。火灾自动报警系统能够通过探测装置检测到燃烧产生的烟雾、热量和光辐射，因而可以在火灾发生初期发出警报，同时可显示火灾发生的部位，并记录火灾发生的时间。

火灾自动报警系统的安装需根据仓库储存物品引发火灾的危险程度确定，根据国家颁布的《火灾自动报警系统设计规范》（GB 50116—2013），甲、乙类物品库房以及面积超过1000平方米的丙类物品库房应该在大部分位置安装火灾报警系统，而一般丙类物品库房及丁类物品库房应该在部分位置安装火灾报警系统。仓库中储存物品的分类情况如表10-4所示。

表10-4 仓库储存物品分类表

类别	火灾危险性特征	储存物品示例
甲类	◎ 闪点低于28℃的液体 ◎ 爆炸下限小于10%的气体，以及受到水或空气中水蒸气的作用，能产生爆炸下限小于10%的气体的固体物质 ◎ 常温下能自行分解或在空气中氧化即能导致迅速自燃或爆炸的物质 ◎ 常温下受到水或空气中水蒸气的作用能产生可燃气体并引起燃烧或爆炸的物质 ◎ 遇酸、受热、撞击、摩擦以及遇有机物或硫磺等易燃的无机物，极易引起燃烧或爆炸的强氧化剂 ◎ 受撞击、摩擦或与氧化剂、有机物接触时能引起燃烧或爆炸的物质	◎ 乙烷、戊烷、石脑油、环戊烷、二硫化碳、苯、甲苯、甲醇、乙醇、乙醚、醋酸甲脂、60°以上的白酒 ◎ 乙炔、氢、甲烷、乙烯、丙烯、丁二烯、环氧乙烷、水煤气、硫化氢、氯乙烯、液化石油气、电石、碳化铝 ◎ 硝化棉、硝化纤维胶片、喷漆棉、火胶棉、赛璐珞棉、黄磷 ◎ 金属钾、钠、锂、钙、锶、氢化锂、四氢化锂铝、氢化钠 ◎ 氯酸钾、氯酸钠、过氧化钾、过氧化钠、硝酸铵 ◎ 赤磷、五硫化磷、三硫化磷

（续表）

类别	火灾危险性特征	储存物品示例
乙类	◎ 闪点大于等于28℃且小于60℃的液体 ◎ 爆炸下限大于等于10%的气体 ◎ 不属于甲类的氧化剂 ◎ 不属于甲类的化学易燃危险固体 ◎ 助燃气体 ◎ 常温下与空气接触能缓慢氧化，积热不散引起自燃的物品	◎ 煤油、丁烯醇、丁醚、硝酸戊脂、冰醋酸 ◎ 氨气、液氯 ◎ 硝酸铜、铬酸、亚硝酸钾、重铬酸钠、铬酸钾、硝酸、硝酸汞、发烟硫酸、漂白粉 ◎ 硫磺、镁粉、铝粉、樟脑、萘、生松香 ◎ 氧气、氟气 ◎ 漆布、油布、油纸、油绸及其各自相关制品
丙类	◎ 闪点大于等于60℃液体 ◎ 可燃固体	◎ 动物油、植物油、沥青、蜡、润滑油、机油、重油、糠醛 ◎ 纸张、棉、毛、丝、麻及其织物、谷物、面粉、天然橡胶及其制品、中药材、电视机、收录机等电子产品
丁类	◎ 难燃烧物品	◎ 自熄性塑料及其制品、酚醛泡沫塑料及其制品、水泥刨花板
戊类	◎ 非燃烧物品	◎ 钢材、铝材、玻璃及其制品、陶瓷制品、搪瓷制品、不燃气体、玻璃棉、硅酸铝纤维、矿棉、岩棉、陶磁棉、水泥、石

同时，仓库管理人员还要根据仓库存储货物燃烧的特点，选择合适的感应装置，具体要求如图10-3所示。

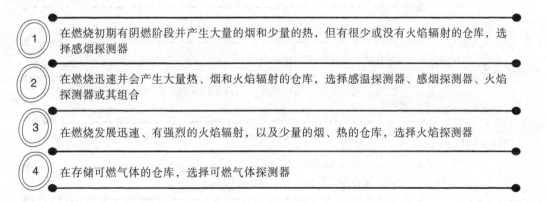

图10-3　感应装置的选择要求

（二）设置给水装置

企业中常用的给水装置是消火栓，其可分为室内消火栓及室外消火栓两种。

1. 室内消火栓

室内消火栓是建筑物内的一种固定消防供水设备，它主要包括消火栓、消防软管卷盘、消火栓箱三部分。

消火栓由手轮、阀盖、阀杆、车体、阀座和接口等组成，平时与室内消防给水管线连接，遇有火灾时，把消火栓阀门手轮向开启方向旋转，即能射出水流。

消防软管卷盘通常装在与室内消火栓供水管相连的支供水管上，主要由转动部分、支撑部分和导流部分组成，其各部分的构造及作用如表 10-5 所示。

表 10-5　消防软管卷盘的组成

部位	构成零件	主要作用
转动部分	包括转盘、摆臂、轮壳支架	用于输水管展开和收回
支撑部分	底座和支持架	用于卷盘的安装，并进行支撑
导流部分	出水管、进水管、水密封套和连接件	主要用于导流、喷射水，还可防止水渗漏

消火栓箱是用于盛装室内消防设备的箱体，内有水带、水枪，并与消火栓出口连接。

仓库消防管理人员在日常工作中应做好室内消火栓的维护与保养工作，具体工作要求如图 10-4 所示。

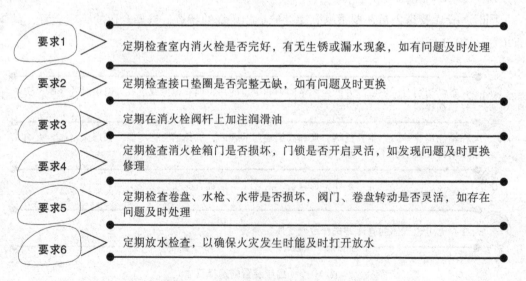

要求1　定期检查室内消火栓是否完好，有无生锈或漏水现象，如有问题及时处理

要求2　定期检查接口垫圈是否完整无缺，如有问题及时更换

要求3　定期在消火栓阀杆上加注润滑油

要求4　定期检查消火栓箱门是否损坏，门锁是否开启灵活，如发现问题及时更换修理

要求5　定期检查卷盘、水枪、水带是否损坏，阀门、卷盘转动是否灵活，如存在问题及时处理

要求6　定期放水检查，以确保火灾发生时能及时打开放水

图 10-4　室内消火栓维护保养工作要求

仓库消防管理人员在使用室内消火栓时，应按照图 10-5 所示的程序操作。

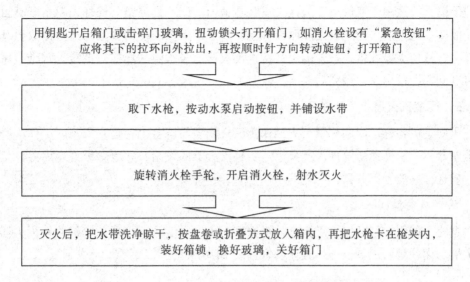

图 10-5 室内消火栓操作程序

2. 室外消火栓

室外消火栓与城镇自来水管网相连接，它既可供消防车取水，又可连接水带、水枪，直接出水灭火。室外消火栓分为地上消火栓和地下消火栓两种。

地上消火栓适用于气候温暖地区，其主要由弯座、阀座、排水阀、法兰接管、启闭杆、本体和接口等组成。仓库消防管理人员在使用地上消火栓时，需将消火栓钥匙扳头套在启闭杆上端的轴心头之后，按逆时针方向转动消火栓钥匙，阀门即可开启，水由出水口流出；按顺时针方向转动消火栓钥匙时，阀门便关闭，水不再从出水口流出。

仓库消防管理人员需定期对地上消火栓进行检查和保养，确保消火栓完好可用。仓库消防管理人员需按图 10-6 所示程序进行地上消火栓的检查保养工作。

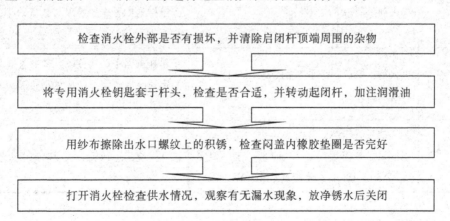

图 10-6 地上消火栓检查程序

地下消火栓适用于气候寒冷地区，安装在地面下，不易冻结与损坏，但由于其目标不明显，故应在地下消火栓附近设立明显标志。地下消火栓的使用方法与地上消火栓基本相同，即应打开消火栓井盖，拧开闷盖，接上消火栓与吸水管的连接口或接上水带，用专用扳手打开阀塞即可出水，用完后要将其恢复原状。

（三）配置灭火器

灭火器是以各种不同的化学灭火剂作为灭火物质的设备，它是仓库消防工作中必须具备的消防器材。仓库消防管理人员要了解各种灭火器的作用，并能够根据仓库存储货物的特点正确选择并放置灭火器。

1. 灭火器类型识别

根据充入的灭火剂类别，灭火器分为水型灭火器、泡沫灭火器、二氧化碳灭火器、干粉灭火器、卤代烷灭火器五类，具体内容如表 10-6 所示。

表 10-6　灭火器的类别

灭火器类型	灭火剂类型	灭火原理
水型灭火器	灭火剂主要是清洁的水，可加入适量的防冻剂，以降低水的冰点；也可加入适量添加剂，如抗冻剂、润湿剂、增粘剂，以提高灭火性能	利用灭火器中喷出的水扑灭火焰
泡沫灭火器	灭火剂分为空气泡沫和化学泡沫两种，前者的泡沫由硫酸铝和碳酸氢钠混合产生，后者的泡沫主要是空气泡沫和水的混合物	用泡沫覆盖燃烧物质的表面，以阻止可燃液体的蒸发和空气的进入
二氧化碳灭火器	灭火剂是液态的二氧化碳	稀释空气，把燃烧区空气中的氧浓度降低到维持物质燃烧的极限氧浓度以下，使燃烧停止
干粉灭火器	灭火剂主要包括碳酸氢钠、碳酸氢钾和磷酸铵盐三类	干粉在火焰中迅速分解，其碱性金属氧化物迅速夺取燃烧反应中的活性基，从而将火扑灭
卤代烷灭火器	灭火剂是卤代烷，目前应用较广泛的是一溴一氯二氟甲烷（即 1211）、一溴一氯甲烷（即 1301）及二溴四氯乙烷（即 2402）	破坏燃烧的连锁反应从而达到灭火作用

2. 灭火器的选择

仓库消防管理人员需根据仓库内容易发生的火灾类别，选择适当的灭火器。在企业中，根据火灾引发物的不同，火灾被分为 A、B、C、D 四类，其各自适用的灭火器如表 10-7 所示。

表 10-7　火灾的类型与灭火器配备

火灾类型	燃烧物质	适用的灭火器
A 类火灾	普通固体物质，如木材、棉、毛、纸张	水型灭火器、泡沫灭火器、干粉灭火器、卤代烷灭火器
B 类火灾	液体或可融化的固体物质，如汽油、煤油、原油、甲醇、乙醇、沥青、石蜡	干粉灭火器、卤代烷灭火器、二氧化碳灭火器
C 类火灾	气体物质，如煤气、天然气、甲烷、乙烷、丙烷、氢气	干粉灭火器、卤代烷灭火器、二氧化碳灭火器
D 类火灾	金属物质，如钾、钠、镁、钛、锆、锂、铝镁合金	尚无有效的灭火器，此时应用特殊的灭火剂，如干砂

3. 灭火器的摆放

仓库消防管理人员在配置摆放灭火器时，应注意下列问题。

（1）仓库管理人员配置灭火器时，应充分考虑仓库的火灾危险等级，选用适当灭火级别的灭火器。通常应按每 100 平方米配置一个灭火器计算，每栋库房配置的灭火器不得少于两个。

（2）室内的灭火器应摆放在明显的地方，并做出明确的标示，而室外灭火器应悬挂在仓库外面的墙上，距离地面的高度不超过 1.5 米。

（3）灭火器的放置地点要远离取暖设备并防止阳光直射。

4. 灭火器的保养

为了保证灭火器的正常使用，仓库消防管理人员要做好灭火器的保养工作，具体保养内容如图 10-7 所示。

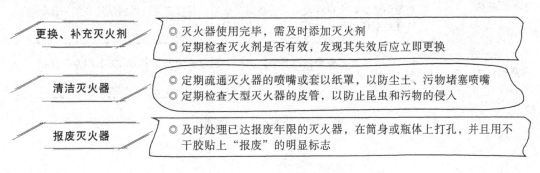

更换、补充灭火剂	◎ 灭火器使用完毕，需及时添加灭火剂 ◎ 定期检查灭火剂是否有效，发现其失效后应立即更换
清洁灭火器	◎ 定期疏通灭火器的喷嘴或套以纸罩，以防尘土、污物堵塞喷嘴 ◎ 定期检查大型灭火器的皮管，以防止昆虫和污物的侵入
报废灭火器	◎ 及时处理已达报废年限的灭火器，在筒身或瓶体上打孔，并且用不干胶贴上"报废"的明显标志

图 10-7　灭火器保养的内容

（四）其他防火设施

除了报警系统、给水装置及灭火器这三种常见的防火设施，仓库中还可以配置图 10-8 所示的四种防火设施。

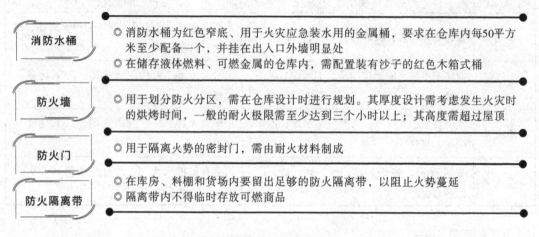

消防水桶
◎ 消防水桶为红色窄底、用于火灾应急装水用的金属桶，要求在仓库内每50平方米至少配备一个，并挂在出入口外墙明显处
◎ 在储存液体燃料、可燃金属的仓库内，需配置装有沙子的红色木箱式桶

防火墙
◎ 用于划分防火分区，需在仓库设计时进行规划。其厚度设计需考虑发生火灾时的烘烤时间，一般的耐火极限需至少达到三个小时以上；其高度需超过屋顶

防火门
◎ 用于隔离火势的密封门，需由耐火材料制成

防火隔离带
◎ 在库房、料棚和货场内要留出足够的防火隔离带，以阻止火势蔓延
◎ 隔离带内不得临时存放可燃商品

图 10-8　其他防火设施

二、预防火灾

仓库消防管理工作需以预防为主，即采取各类措施进行火灾预防。仓库火灾预防措施具体如图 10-9 所示。

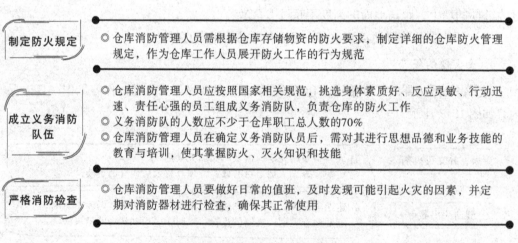

制定防火规定
◎ 仓库消防管理人员需根据仓库存储物资的防火要求，制定详细的仓库防火管理规定，作为仓库工作人员展开防火工作的行为规范

成立义务消防队伍
◎ 仓库消防管理人员应按照国家相关规范，挑选身体素质好、反应灵敏、行动迅速、责任心强的员工组成义务消防队，负责仓库的防火工作
◎ 义务消防队的人数应不少于仓库职工总人数的70%
◎ 仓库消防管理人员在确定义务消防队员后，需对其进行思想品德和业务技能的教育与培训，使其掌握防火、灭火知识和技能

严格消防检查
◎ 仓库消防管理人员要做好日常的值班，及时发现可能引起火灾的因素，并定期对消防器材进行检查，确保其正常使用

图 10-9　仓库火灾预防设施

三、处理火情

仓库消防管理人员除了做好各种预防工作预防火灾的发生，还需在火灾发生时能够采用正确的应对方法，控制灾情或扑灭火灾，避免损失的扩大。具体的火情处理要求如下所示。

（一）及时报警

仓库消防管理人员发现火情后，除做基本的应急处理外，需要立即向消防部门报警。在报警时，仓库消防管理人员应该注意图10-10所示的五点内容。

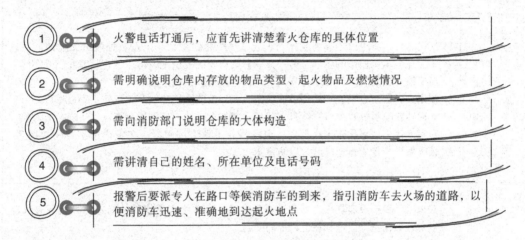

1	火警电话打通后，应首先讲清楚着火仓库的具体位置
2	需明确说明仓库内存放的物品类型、起火物品及燃烧情况
3	需向消防部门说明仓库的大体构造
4	需讲清自己的姓名、所在单位及电话号码
5	报警后要派专人在路口等候消防车的到来，指引消防车去火场的道路，以便消防车迅速、准确地到达起火地点

图10-10　火警报警注意事项

（二）积极灭火

在发生火灾时，仓库消防管理人员需根据火场情况使用灭火器材及时扑灭初起火灾，以降低火灾带来的损失。仓库消防管理人员在使用灭火器灭火时，需遵守表10-8所示的要求，在确保个人人身安全的前提下扑灭火灾。

表10-8　灭火器使用要求

灭火器类型	使用要求
水型灭火器	1. 将水型灭火器提至火场，在距离燃烧物10米处将灭火器直立放稳 2. 摘下保险帽，用手掌拍击开启杆顶端的凸头，使贮气瓶的密膜片被刺破，二氧化碳气体进入筒体内，迫使清水从喷嘴喷出 3. 一只手提起灭火器，另一只手托住灭火器的底圈，将喷射的水流对准燃烧最猛烈处 4. 随着灭火器喷射距离的缩短，操作者应逐渐向燃烧物靠近，使水流始终喷射在燃烧处，直到将火扑灭 5. 在喷射过程中，灭火器应始终与地面保持大致的垂直状态，切勿颠倒或横卧，否则会使加压气体泄出导致灭火剂不能喷射

（续表）

灭火器类型	使用要求
泡沫灭火器	1. 使用化学泡沫灭火器时，应注意不得使灭火器过分倾斜，更不可横拿或颠倒，以免灭火器中两种药剂混合，导致泡沫提前喷出。使用时，一只手紧握提环，另一只手扶住筒体的底圈，将射流对准燃烧物 2. 使用空气泡沫灭火器时，应在距离燃烧物 6 米左右处拔出保险销，一只手握住开启压把，另一只手握住喷枪，然后紧握开启压把，将灭火器密封开启，使泡沫从喷枪喷出。使用过程中应一直紧握开启压把，不能松开，也不能将灭火器倒置或横卧使用，否则会中断喷射
二氧化碳灭火器	1. 使用时可以将灭火器提到或扛到火场，在距离燃烧物 5 米左右处拔出保险销，一只手握住喇叭筒根部的手柄，另一只手紧握启闭阀的压把，将二氧化碳喷向燃烧物体 2. 对于没有喷射软管的二氧化碳灭火器，应把喇叭筒往上扳 70°~90° 3. 使用灭火器时，不能直接用手抓住喇叭筒外壁或金属连线管，以防止手被冻伤 4. 灭火器在喷射过程中应保持直立状态，切不可平放或颠倒使用 5. 在室外使用二氧化碳灭火器时，应选择在上风方向喷射；在室内窄小空间使用时，灭火后操作者应迅速离开，以防窒息
干粉灭火器	1. 灭火时可手提或肩扛灭火器快速奔赴火场，并在距离燃烧物 5 米左右处放下灭火器喷射，如在室外应选择在上风方向喷射 2. 所使用的干粉灭火器若是外挂式储压式的，操作者应一只手紧握喷枪，另一只手提起储气瓶上的开启提环 3. 所使用的干粉灭火器若是内置式储气瓶的或者是储压式的，操作者应先将开启把上的保险销拔下，然后握住喷射软管前端喷嘴部，另一只手将开启压把压下，打开灭火器灭火 4. 当干粉喷出后，应迅速对准火焰的根部左右晃动扫射，使干粉能够迅速覆盖燃烧物体的表面
卤代烷灭火器	1. 可通过手提提把或肩扛的方式将灭火器带到灭火现场，在距离燃烧物 5 米左右处放下灭火器，拔出保险销，一只手握住开启把，另一只手握在喷射软管前端的喷嘴处；如灭火器无喷射软管，则一只手握住开启压把，另只一手扶住灭火器底部的底圈部分，将喷嘴对准燃烧处，用力握紧开启压把，使灭火器喷射 2. 灭火器使用时不能颠倒，也不能横卧，防止灭火剂不能喷出 3. 因卤代烷灭火剂有一定的毒性，为避免对人体造成伤害，在室外使用时应选择在上风方向喷射；在窄小的室内灭火时，灭火后操作者应迅速撤离

《仓库管理人员岗位培训手册
——仓库管理人员应知应会的 9 大工作事项和 72 个工作小项（实战图解版）》
编读互动信息卡

亲爱的读者：

　　感谢您购买本书。只要您以下三种方式之一成为普华公司的**会员**，即可免费获得普华每月新书信息快递，在线订购图书或向我们邮购图书时可获得免付图书邮寄费的优惠：①详细填写本卡并以**传真（复印有效）或邮寄返回给我们**；②登录普华公司官网注册成为普华会员；③关注微博：@普华文化（新浪微博）。会员单笔订购金额满 300 元，可免费获赠普华当月新书一本。

哪些因素促使您购买本书（可多选）

○本书摆放在书店显著位置　　　　○封面推荐　　　　　　○书名
○作者及出版社　　　　　　　　　○封面设计及版式　　　○媒体书评
○前言　　　　　　　　　　　　　○内容　　　　　　　　○价格
○其他（　　　　　　　　　　　　　　　　　　　　　　　　　　　　）

您最近三个月购买的其他经济管理类图书有

1.《　　　　　　　　》　　　　　2.《　　　　　　　　》
3.《　　　　　　　　》　　　　　4.《　　　　　　　　》

您还希望我们提供的服务有

1. 作者讲座或培训　　　　　　　2. 附赠光盘
3. 新书信息　　　　　　　　　　4. 其他（　　　　　　　　　　　）

请附阁下资料，便于我们向您提供图书信息

姓　　名　　　　　　联系电话　　　　　　　职　　务
电子邮箱　　　　　　工作单位
地　　址

地　　址：北京市丰台区成寿寺路 11 号邮电出版大厦 1108 室
　　　　　北京普华文化发展有限公司（100164）
传　　真：010－81055644
读者热线：010－81055656
编辑邮箱：chensiwen@ puhuabook. cn
投稿邮箱：puhua111@126. com，或请登录普华官网"作者投稿专区"。
投稿热线：010－81055633
购书电话：010－81055656
媒体及活动联系电话：010－81055656　　　　　　　　邮件地址：hanjuan@ puhuabook. cn
普华官网：http://www. puhuabook. cn
博　　客：http://blog. sina. com. cn/u/1812635437
新浪微博：@普华文化（关注微博，免费订阅普华每月新书信息速递）